河北省科技金融重点实验室/河北省科技金融协同创新中心
开放基金项目[STFCIC201901]

金融科技巩固脱贫机制创新与政策设计

——基于可行能力理论的视角

张丽颖　李胜连　著

人 民 出 版 社

策划编辑:郑海燕
封面设计:汪　阳
责任校对:周晓东

图书在版编目(CIP)数据

金融科技巩固脱贫机制创新与政策设计:基于可行能力理论的视角/张丽颖,
　李胜连 著. —北京:人民出版社,2022.3
ISBN 978－7－01－024557－7

Ⅰ.①金…　Ⅱ.①张…②李…　Ⅲ.①金融-科技扶贫-研究-中国
　Ⅳ.①F126②F832.3

中国版本图书馆 CIP 数据核字(2022)第 028336 号

金融科技巩固脱贫机制创新与政策设计

JINRONG KEJI GONGGU TUOPIN JIZHI CHUANGXIN YU ZHENGCE SHEJI
——基于可行能力理论的视角

张丽颖　李胜连　著

人民出版社 出版发行
(100706　北京市东城区隆福寺街 99 号)

中煤(北京)印务有限公司印刷　新华书店经销

2022 年 3 月第 1 版　2022 年 3 月北京第 1 次印刷
开本:710 毫米×1000 毫米 1/16　印张:16.25
字数:200 千字

ISBN 978－7－01－024557－7　定价:70.00 元

邮购地址 100706　北京市东城区隆福寺街 99 号
人民东方图书销售中心　电话 (010)65250042　65289539

版权所有·侵权必究
凡购买本社图书,如有印制质量问题,我社负责调换。
服务电话:(010)65250042

前　言

　　2021 年 2 月 25 日,习近平总书记在全国脱贫攻坚总结表彰大会上指出,"经过全党全国各族人民共同努力,在迎来中国共产党成立一百周年的重要时刻,我国脱贫攻坚战取得了全面胜利,现行标准下 9899 万农村贫困人口全部脱贫,832 个贫困县全部摘帽,12.8 万个贫困村全部出列,区域性整体贫困得到解决,完成了消除绝对贫困的艰巨任务,创造了又一个彪炳史册的人间奇迹!这是中国人民的伟大光荣,是中国共产党的伟大光荣,是中华民族的伟大光荣!"我国扶贫取得的巨大显著成果,令世界人民为之赞叹。客观来讲,贫困既是动态的,也是相对的。因此,国家针对贫困下一阶段的主要关注点在于巩固现有脱贫成果以防大面积返贫。这就需要政府积极面向未来,找准纾困方式,锚定全新举措,发现返贫阻断的积极因素。

　　随着互联网发展,大数据、区块链、云计算以及人工智能等技术的突破,金融与科技的结合更加紧密。我国金融科技相对于其他国家起步较晚,但取得的成绩更加显著,金融科技风投机构毕马威(KPMG)联合发布的《2018 全球金融科技 100 强》榜单中,中国企业占据了 11 个席位,且前 10 名中,有 4 个来自中国。仅 2018 年中国金融科技市场规模已达 115 万亿元,2020 年将达到 157 万亿元。① 金融科技在中国发展势头迅猛,不仅体现在金融与科技市场的活跃,其衍生的移动支付、互联网银行、智能投顾、大数据征信等产业也越来越发挥作用,尤其是消费金融升级给各行各业带来了便利性。

在长尾理论指导下,金融科技逐渐渗透到农业、农村和农民。涉农产业在其支持下能够快速获得资本金,从而创造更多就业机会,为社会提供更多货真价实、物美价廉的深加工农产品,农村基础设施建设步伐也将逐步提速,农户创业资本也能得到较好保障。随着金融科技社会化服务功能的深化,从理论上讲,金融机构的柜台智能化、网络化以及非金融小额信贷平台、互联网金融等金融科技产品产业的崛起必将逐步改变传统农户的小农思维,向着信息化、智能化、效率化、便捷化、效益化发展,从而对我国稳固脱贫成果具有重要作用。目前,学术界针对金融科技作用的研究更多地体现在其科技创新领域,而关于金融科技与农户脱贫之间的关系研究尚处于探索阶段,即"金融科技创新是否会有益农户持续增收? 又通过什么样的途径或路径作用其中?"等问题还缺少科学回答。学术界,如诺贝尔经济学奖得主阿马蒂亚·森(Amartya Kumar Sen)、学者玛莎·C.纳斯鲍姆(Martha C.Nussbaum)以及宋艳、贾燕、杨国涛等基本认为贫困的实质是能力贫困,可行能力(阿马蒂亚·森首次提出)的提升是解决农户增收的根本途径。虽然学者给出了脱贫的方向,但关于"可行能力结构组成"尚未收敛,同时可行能力结构内部组成要素之间是否相互影响又如何作用于农户收入等

---

① 资料来源:中国产业信息网公开数据,http://www.chyxx.com。

问题也未得到科学回答。金融科技创新会通过农户可行能力这一中介变量传导最终影响农户持续增收吗？金融科技创新是不是国家下一步巩固脱贫成果有效防止大面积返贫的重要方式？尝试对这些问题的回答直接构成了本书的创新点与根本立足点。

本书共分为八章，主要内容如下：

绪论。主要介绍了本书的研究背景、研究目的、研究意义、概念界定与研究边界、研究思路与研究方法以及主要的创新点等。

第一章　相关理论概述。重点从金融科技的起源、金融科技与互联网金融之间的关系、金融科技的发展历程、金融科技带来的影响以及金融科技的技术依据等方面介绍了金融科技理论及其发展；从概念论述、传统福利经济学与可行能力理论比较、可行能力理论面临的困难或不足之处、提高可行能力的途径以及可行能力的深入研究和应用实践等方面论述了可行能力理论及其发展；同时从耦合的视角论述了金融科技与可行能力之间的关系、金融科技与扶贫（农户增收）之间的关系、可行能力与贫困之间的关系等。

第二章　我国金融科技发展现状分析。重点从概念入手论述了金融科技与科技金融的区别与联系；从供给端、投资端和需求端论述了我国金融科技的发展现状；着重阐述了我国金融科技支农现状与存在的主要问题。

第三章　我国扶贫脱贫成效、经验与制约问题分析。关于贫困的理解和测度多集中于绝对贫困上，不同的国家和地区根据不同的规则制定相应的贫困线，将低于贫困线以下的人群定义为贫困人群。中国的减贫成就尤其值得关注，扶贫工作主要分为区域开发、整村推进、精准扶贫、扶贫攻坚四个阶段。中国在发展中减少贫困的经验,为其他发展中国家提供了重要思路和可借鉴的经验。中国扶贫工作也积累了丰富的经验,包括从"供血"扶贫到"造血"扶贫、派驻驻村干部精准扶贫、扶贫过程中执行多标准、创新"+扶贫"模式等多种。虽然在脱贫工作中取得了非常大的成就,但仍旧面临产业发展薄弱、农户抗风险能力低、贫困人口脱贫内生动力不足等问题。

第四章 农村金融科技发展与农户可行能力结构测量指标体系构建。本章重点论述了农村金融科技发展的指标体系和农户可行能力测量的指标体系。在论述金融科技发展指标体系时,重点要因地制宜,因产业不同,而构建符合农村、农业和农民特性的指标体系,首先从金融科技的概念和内涵出发,从不同学者和不同机构两方面进行归纳并提出了本书认为可行的金融科技概念,即指在互联网高度发展的背景下,人工智能、区块链、云计算、大数据、移动支付等技术支撑下,金融业在储蓄、贷款、产品衍生以及移动支付带动下的线上业务等方面开展了一系列创新活动,其目的在于提高经济效率和风险识别效率,且金融科技具有很强的场景效应,即不同的产业,其发展情况不同,认为在测量农村金融科技发展时,应侧重四个层面,即储蓄科技化普及、金融科技产品普及、贷款方式科技化普及和移动支付方式科技化普及;在论述农户可行能力指标体系时,也非常注重因国家、地理位置不同其能力表现也不同,因此综合论述了阿马蒂亚·森可行能力理论、纳斯鲍姆可行能力理论以及英国国际发展署(Department for International Development, DFIP)建立的可持续生计分析(Sustainable Livelihoods Analysis, SLA)框架,并在可持续生计分析框架下,将两种理论融合其中,从而形成人力资产、物质资产、社会资产、自然资产、金融资产、精神资产和保障与透明性资产七大方面的二级指标,并结合其定义和学者观点分别对各个二级指标下设的三级指标(即测量指标)进行了分解和细化。

　　第五章　问卷设计与数据收集整理。本章内容对本次调研的问卷设计进行了具体描述,并对调研数据进行了初步汇总和整理。根据阿马蒂亚·森的可行能力理论,调研问卷的设计围绕调研对象的人力资产、社会资产、自然资产、物质资产、金融资产、精神资产、保障性资产,并加入了金融科技和农户心理需求层面9大因素,围绕这9大因素设置调研问题,并建立相对应的指标体系。经过对调研数据的初步分析,可以发现根据调研问卷所设置的指标体系在区分度、效度和信度方面均达到良好的水平,能够为进一步的科学分析提供良好的数据基础。

　　第六章　我国农户可行能力测度与组内比较研究。本章的主要内容是对农户的可行能力水平进行了量化测度,并结合不同因素对我国农户的可行能力水平现状进行了简要分析。进一步地,依据不同控制变量对农户的可行能力水平进行了分组比较。对农户的可行能力水平的测度采用的是主成分分析法,对7大类因素36个指标进行因素分析,每一大类指标体系的数据限定抽取一个共同因素,以各指标变量在三成分因素的因素负荷量作为该指标变量在该因素中的权重,据此得出7大类因素的计量模型;再使用层次分析法(The Analytical Hierarchy Process,AHP)对7大类因素值赋予不同的权重,建立可行能力Z综合计量模型,进而计算得出农户可行能力的水平值。以不同的控制变量对农户进行分组,并比较不同控制变量水平下的农户可行能力水平,可以发现:(1)农户的可行能力水平在不同的收入组之间有显著差异,但是在小康户与富裕户之间差异不再明显;(2)男性的可行能力水平显著高于女性的可行能力水平;(3)不同年龄组的农户在 66 岁以下的各年龄组间的可行能力水平差异不显著,在 66 岁及以上的年龄组出现显著下降,即年龄因素在 66 周岁以下的农户群体中对可行能力水平的影响不明显;(4)受教育程度对农户可行能力水平有显著影响,表现为农户在小学至高中阶段,受教育程度的提升可以明显提升农户的可行能力水平;在高中及以上阶段,受教育程度对农户可行能力的影响不再明显。

第七章 金融科技、可行能力与贫困间的影响关系实证研究。本章主要研究了金融科技创新、可行能力结构与农户持续增收之间的作用关系,首先提出了研究假设,之后构建了理论模型并选取了相关测量指标,最后利用 Amos 20.0 软件对理论模型进行检验,通过分析得到以下结论:农户可行能力结构优化与金融科技创新是后防贫时期巩固脱贫的两个重要考量因素,两者的有效结合对我国脱贫将产生重大贡献;传统守旧的资产管理观念依然阻碍着农户的持续增收;后巩固脱贫时期对农户吃穿住行等物质资产的帮扶整体上对其增收的影响已不再显著。相反,从社会学的角度出发,注重其社会资产与人力资产的增加才是未来返贫阻断的重要形式。

第八章 金融科技巩固脱贫机制创新与政策设计。本章的主要内容是金融科技巩固脱贫机制的创新与政策设计。首先梳理我国扶贫以来金融支持农户的一些政策,然后论述了金融科技支持产业的主要形式,具体分析了金融科技通过大数据、人工智能、区块链等方式作用于产业。在金融科技支持农户的过程中,发现农户反映出其物质资产、人力资产以及保障性资产匮乏的特点,针对这些特点以及金融科技巩固脱贫提出了一些方式与展望。并通过前文的分析论述了金融科技巩固脱贫的作用机制,提出基于农户可行能力信用的金融科技风险防范措施,最后从社会、农户、金融机构、政府四个角度分别提出相关的政策建议。

相信,在后续巩固脱贫时期,农村金融科技将发挥重要作用。金融科技将为我国的乡村振兴战略的有效实施打好坚实的基础。

张丽颖　李胜连

2021 年 8 月 3 日

目　录

绪　论 ………………………………………………………… 1

   第一节　研究背景 ………………………………………… 1

   第二节　研究目的 ………………………………………… 6

   第三节　研究意义 ………………………………………… 10

   第四节　概念界定与研究边界 …………………………… 12

   第五节　研究思路与研究方法 …………………………… 14

   第六节　主要创新点 ……………………………………… 16

第一章　相关理论概述 …………………………………… 18

   第一节　金融科技理论及其发展 ………………………… 18

   第二节　可行能力理论及其发展研究综述 ……………… 34

   第三节　金融科技与可行能力的关系论述 ……………… 41

   第四节　金融科技与扶贫(农户增收)关系研究综述 …… 42

   第五节　可行能力与贫困关系研究综述 ………………… 45

第二章　我国金融科技发展现状分析 …………………… 50

   第一节　金融科技与科技金融的区别与联系 …………… 50

   第二节　我国金融科技的发展现状 ……………………… 55

第三节　我国金融科技支农现状与存在的主要问题 ·············· 58

第三章　我国扶贫脱贫成效、经验与制约问题分析 ············· 65

第一节　我国扶贫脱贫成效分析 ·········· 65

第二节　我国扶贫脱贫经验总结与分析 ······· 71

第三节　我国脱贫现状与制约问题分析 ······· 76

第四节　我国农户脱贫的心理需求分析 ······· 83

第五节　巩固脱贫时期的发展趋势 ········· 87

第四章　农村金融科技发展与农户可行能力结构测量指标体系构建 ······ 92

第一节　金融科技构成要素分析 ·········· 93

第二节　农村金融科技发展测量指标体系构建 ····· 97

第三节　我国农户可行能力结构剖析与选择 ····· 100

第四节　我国农户可行能力测量指标体系构建 ···· 112

第五章　问卷设计与数据收集整理 ············· 115

第一节　调研对象与目的 ·············· 115

第二节　问卷设计与调研 ·············· 116

第三节　指标体系的科学性检验 ·········· 124

第六章　我国农户可行能力测度与组内比较研究 ············ 143

第一节　测度方法选择 ··············· 143

第二节　我国农户可行能力现状统计性描述 ····· 161

第三节　我国农户可行能力组内差异性比较分析 ··· 177

第四节　控制变量组内差异性比较分析 ······· 180

第五节　我国农户可行能力测度结果分析 ······ 191

第七章　金融科技、可行能力与贫困间的影响关系实证研究············ 193

　　第一节　金融科技、可行能力与贫困间的逻辑关系研究·········· 193

　　第二节　测量指标与样本量确定　·························· 196

　　第三节　金融发展对农户可行能力结构的静态影响研究·········· 201

　　第四节　金融科技创新、农户可行能力结构与农户持续增收

　　　　　　之间的网络作用关系研究·························· 214

第八章　金融科技巩固脱贫机制创新与政策设计·············· 221

　　第一节　金融支农政策梳理　·························· 221

　　第二节　金融科技支持产业的作用形式分析·················· 223

　　第三节　金融科技支农过程中我国农户所反映出的特点分析········ 227

　　第四节　金融科技巩固脱贫的方式选择与创新················ 229

　　第五节　金融科技巩固脱贫的作用机制分析················ 234

　　第六节　金融科技巩固脱贫的政策建议·················· 239

绪　　论

第一节　研究背景

一、新时期新阶段呼唤新的巩固脱贫的方式

　　贫困治理,从历史的角度来看,一直是历朝历代治国理政努力的方向。我国自新中国成立以来,各级政府都非常关注人民福祉的提高,尤其是重点关注贫困地区或贫困人口。自 20 世纪 80 年代开始,我国扶贫工作有条不紊地展开,在经历了 30 年的努力之后,虽然取得的成果有目共睹,但是全国贫困人口基数不清、情况不明、分类结构含混等现象依然存在,使扶贫资金或项目针对性不强,真正需要得到帮助的贫困户有时并未得到解决。鉴于此,2013年 11 月,习近平总书记在湖南进行考察时,首次提出了"扶贫"这一思想的雏形,即"实事求是、因地制宜、分类指导、精准扶贫",这是相对于"大水漫灌扶贫"而言的具有靶向作用的积极指导政策。精准扶贫精准脱贫基本方略启动源自 2014 年 1 月中央办公厅根据习近平新时代中国特色社会主义思想提出的精准扶贫工作顶层

设计方案。该方案,作为国家层面的统一思想,使扶贫工作在我国广泛且深入开展,并以"五个一批"(即扶持生产和就业发展一批、易地搬迁安置一批、生态保护脱贫一批、教育扶贫脱贫一批、低保政策兜底一批)作为行动指南,并以"两不愁三保障"(即不愁吃、不愁穿,义务教育、基本医疗、住房安全有保障)作为2020年年底实现全国范围内全面脱贫的目标。

经过7年坚持不懈的努力,我国通过产业扶贫、金融扶贫、教育扶贫、易地搬迁扶贫、旅游扶贫、科技扶贫、健康扶贫、就业扶贫等方式取得了治贫的巨大成功,成绩令世界举世瞩目:截至2020年12月,我国已有9899万农村贫困人口摆脱绝对贫困,全国范围内实现绝对脱贫目标,贫困发生率从4.5%降至0.6%以下,建档立卡户全面实现不愁吃、不愁穿。从义务教育来看,建档立卡户适龄少年儿童中98.83%在校就学,0.26%送教育上门,0.9%因客观原因不具备学习条件。从基本医疗来看,99.85%的贫困户参加了城乡居民医疗保险。从住房情况来看,43.74%的贫困户住房评定为安全,42.25%通过危房改造实现住房安全,14.01%的通过易地搬迁实现住房安全。在用水方面,93.67%的贫困户实现供水入户,其他用水取水相对方便。① 医保扶贫自2018年开始到2020年10月,已累计惠及贫困人口超过4.6亿人次,为其减负近3000亿元。② 全国已实现全面绝对贫困脱贫,让贫困户收入能够达到标准线、有安全住房居住、能保障饮水安全、参加新农合和大病保险、贫困家庭子女不会因为贫困无法完成九年义务教育,贫困户能拥有基本的物质基础、社会基本保障和一定经济条件。然而,我们也

---

① 资料来源:国家脱贫攻坚普查公报,http://www.gov.cn。
② 资料来源:根据国家医疗保障局网站整理得,http://www.nhsa.gov.cn/。

要看到,农村地区的收入水平和生活水平仍然和城镇地区有较大差距,部分完成脱贫"摘帽"的贫困村、贫困户发展的可持续性不足,因此,巩固好已有的扶贫成果,并进一步解决农村地区的相对贫困问题就是摆在眼前的一个难题,也是国家各级政府未来脱贫关注的焦点问题。在未来3—5年,绝对贫困已经消失,次生贫困会时有发生,相对贫困将持续存在,如何将相对贫困人口带上小康或富裕的道路是未来国家"三农"政策的重中之重。因此,新时期、新阶段需要呼唤新的巩固脱贫的方式。

二、后续巩固脱贫时期脱贫对农户可行能力提升的要求

2021年之后,全国人民摆脱绝对贫困,贫困的重心将转为转型性的"次生贫困"和"相对贫困"。客观地说,相对贫困是一直存在的,而次生贫困因素很多,如遇大病、死亡、天灾等突发事件所引起的返贫现象。不管未来哪一种贫困占据主流,其解决的突破口都在于农户能力的实质性提升。回顾改革开放以来我国的扶贫实践,一般通过考察居民的可支配收入和固定资产状况来界定和衡量他们是否处于贫困状态,从这两种维度出发制定的扶贫政策可以量化地、直观地让贫困人口达到绝对脱贫的目标,但是其个人的发展能力不足也容易导致脱贫效果不稳定,出现脱贫者返贫现象。阿马蒂亚·森的自由发展理论为解决贫困者脱贫这个问题提供了新的视角。他发现,贫困问题本质上是贫困人口可行能力贫困,脱贫需要从提升贫困人口可行能力这个方向入手,并将工具性自由用于证明自由是促进发展的有效手段,它们能从不同方面提升个人的可行能力。因此,新时代、新阶段需要积极探索巩固脱贫的新举措。

三、后续巩固脱贫时期普惠金融政策实施背景下金融科技的渗透作用

贫困,尤其是巩固脱贫的治理需要多管齐下,金融扶贫在脱贫攻坚过程中发挥了很大的作用。截至 2020 年 3 月,在贷款方面,全国金融精准扶贫贷款余额 4.05 万亿元,全国 334 个深度贫困县各项贷款余额 2.74 万亿元,全国扶贫小额信贷累计发放 4443 亿元,累计支持建档立卡贫困户 1067 万户次;余额 1795 亿元,覆盖户数 449.7 万户;保险方面,全国农业保险承保农作物超过 270种,覆盖了绝大多数常见农作物,备案扶贫专属农业保险产品 819个,为建档立卡贫困人口提供风险保障金额约 137 亿元,覆盖约172 万贫困户,支付赔款 2.4 亿元,受益贫困户约 20 万户次。[1] 证券期货方面,截至 2019 年年底,已有 101 家证券公司结对帮扶 285个国家级贫困县,累计帮助贫困地区企业融资 2026 亿元,已有 98家期货经营机构与 156 个国家级贫困县签署了 250 份结对帮扶协议,累计投入帮扶资金 3.37 亿元。[2] 我国金融机构为高质量打赢脱贫攻坚战提供了有力支撑。同时,随着互联网发展,大数据、区块链、云计算以及人工智能等技术的突破,金融与科技的结合更加紧密。我国金融科技相对于其他国家起步较晚,但取得的成绩更加显著,金融科技风投机构毕马威联合发布的《2018 全球金融科技 100 强》榜单中,中国企业占据了 11 个席位,且前 10 名中,有 4个来自中国。仅 2018 年中国金融科技市场规模已达 115 万亿元,

---

① 资料来源:中国银行保险监督管理委员会普惠金融部:《2020 年一季度银行业保险业扶贫工作情况》。https://www.cbjrc.gov.cn。

② 资料来源:中国证券业协会:《证券公司助力决胜脱贫攻坚案例汇编》。https://www.stc.net.cn。

2020年将达到157万亿元。① 金融科技在中国发展势头迅猛,不仅仅体现在金融与科技市场的活跃,其衍生的移动支付、互联网银行、智能投顾、大数据征信等产业也越来越发挥作用,尤其是消费金融升级给农业、农村和农民带来了更大的便利性。据前瞻产业研究院统计:2018年我国金融科技投融资规模相比2017年大幅增长,达到205亿美元,略等于中国金融科技2014—2017年这4年投融资的总和。以蚂蚁金服、京东金融、度小满等为代表的金融科技公司进入高速成长期,各自完成了金额庞大的战略投资。其中,蚂蚁金服完成C轮融资140亿美元,占全球2018年上半年金融科技总融资额的近25%,京东金融完成20亿美元的战略融资,百度旗下的度小满也完成了19亿美元的战略投资,中国金融科技产业在资本市场表现十分突出,基本上出现了投资总额逐年上升的趋势,而市场机构逐渐趋于理性(见图1)。

（单位：亿元或家）

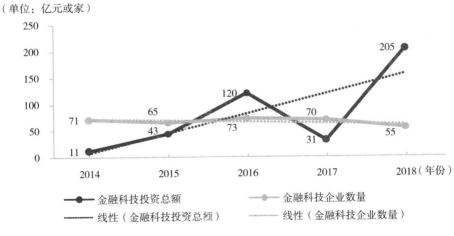

图1　我国金融科技投资额与企业数量

---

① 资料来源:中国产业信息网公开数据,http://www.chyxx.com。

要巩固好已有的扶贫、脱贫成果，提升贫困人口的发展能力，金融在这个过程中具有重要意义：一方面，金融资本能有效补充政府财政扶贫巩固过程中出现的资金不足的问题，能够向相对贫困地区持续不断地输入与需求相匹配的金融资源，改善相对贫困者的资金获得能力；另一方面，金融能盘活相对贫困地区的生产要素，通过宅基地使用权、土地使用权的抵押贷款和为农村设计农业相关的资产证券化产品，让农村生产要素能够充分利用起来，提升贫困人口的发展能力。现阶段，我国金融扶贫的方式主要有四种：一是金融机构直接向贫困居民提供以小额贷款为主的融资服务；二是金融机构为贫困居民参与的合作社提供金融服务；三是金融机构对接贫困地区的产业，将金融扶贫与产业发展结合起来，促进贫困地区整体的发展，从而带动贫困人口脱贫；四是金融机构参与政府主导的扶贫项目，主要有风险补偿基金池①、贴息扶贫贷款和民生类金融贷款。在上述四项内容中，金融科技作用不可小觑。

因此，在国家实现全面脱贫背景下，在脱贫目标导向下，在金融科技飞速发展条件下，农户自身的可行能力基本情况如何？金融科技能否提升农户可行能力？金融科技的作用路径有哪些？金融科技与农户可行能力能否促进农户可持续增收？金融科技巩固脱贫的机制或路径是什么？如何进行政策设计等是值得探讨的方向。

第二节　研究目的

一是对我国金融科技发展现状进行归纳与总结：我国金融科

---

① 　王琳、李珂珂:《我国金融扶贫的长效机制构建研究》,《学习与探索》2020 年第 2 期。

技起步较晚,但发展迅猛,渗透到各行各业,且发展质量不容小觑。我国金融科技已经与现代大数据、区块链、云计算、移动支付等技术进行有效结合。本书撰写目的之一旨在对我国金融科技发展现状进行系统总结和梳理,探索我国金融科技的发展趋势以及在"三农"领域的应用前景等进行探讨。

二是对我国精准扶贫政策以来扶贫脱贫成果及存在的结构性问题进行归纳与总结:我国精准扶贫政策已经实施7年,并取得了令世界人民赞叹的巨大成果,这7年来,不同的地区积攒了丰富的扶贫脱贫经验,目前学术界尚未对我国总体扶贫脱贫现状进行归纳和总结,大部分学者更多的是针对某一方面进行深入研究。本书研究目的之一在于较为系统、全面地总结过去7年我国在扶贫脱贫过程中取得的成绩,并客观地评析其过程中可能存在的结构性问题,目的为后期巩固脱贫成果提供依据。

三是对农村金融科技、农户可行能力评价指标体系进行科学构建:金融科技是一个全新的概念,其内涵较为丰富,对金融科技发展的评价指标不同的学者有不同的认识,如北京大学数字金融研究中心通过出台"数字普惠金融指数"和"互联网金融指数"对金融科技发展进行区域性评价;其他大部分学者都是对科技金融效率运用不同模型,如数据包络分析(Data Envelopment AnAlysis,DEA)、层次分析法(AHP)、熵值法等进行了评价,如张芷若(2019)对科技金融与区域经济发展的耦合关系进行了评价,并构建了一套指标体系[①];时奇、熊式(2020)利用数据包络分析和随机

---

① 张芷若:《科技金融与区域经济发展的耦合关系研究》,东北师范大学2019年博士学位论文。

前沿模型对福建省科技金融发展效率进行评价[①];梁伟真、梁世中（2014）探析了科技金融的综合评价指标体系[②]，等等。从课题组目前掌握的材料来看，学术界对金融科技发展的评价指标体系的研究还处于探索阶段，尤其是适合不同产业的金融科技发展评价指标体系还鲜有人研究。学术界对能力的研究成果较为丰富，不同的学者有不同的看法，其中主要以诺贝尔经济学奖得主阿马蒂亚·森的和玛莎·C.纳斯鲍姆"可行能力理论"为重要理论基础，虽然两者对可行能力提出了不同的清单，但可行能力结构即评价指标体系尚未收敛，尤其是结合不同国度实际情况的评价指标体系还有待深入研究。本书研究目的之一旨在结合我国实际，较为科学地建构农村金融科技发展评价指标和农户可行能力评价指标体系，为后续研究提供测量指标。

四是对我国农户可行能力进行组内比较，探讨不同类型农户的可行能力现状。

由于目前学术界对可行能力评价指标体系研究尚处于探索阶段，因此对农户的可行能力水平的评价还处于尝试阶段，尤其是对贫困户、脱贫户、小康户和富裕户等农户组内间的能力值的比较研究还尚未展开。农户组内间的能力值比较研究能够很好地反映其能力与收入增长或财富水平之间的关系，为后巩固脱贫时期我国农户脱贫提供能力视角。因此，本书研究目的之一旨在测度我国农户组内间的可行能力值的差异性。

---

① 时奇、熊武：《福建省科技金融发展效率评价：基于 DEA 模型和 SFA 模型的比较研究》，《东华理工大学学报（社会科学版）》2020 年第 4 期。

② 梁伟真、梁世中：《科技金融的综合评价指标体系研究》，《科技创业月刊》2014 年第 10 期。

五是验证金融科技、可行能力与农户增收三者之间的作用关系：金融科技在我国飞速发展，近几年在农村、农业和农民中不断发挥作用，尤其是金融科技撬动的移动支付、消费金融、小额信贷等在"三农"领域具有广泛的应用前景。2021年始，我国扶贫脱贫工作将走向一个新的历史起点，从辩证唯物主义角度讲，相对贫困、次生贫困等会相继发生，国家以及各地方政府下一阶段的扶贫脱贫工作重点将是如何实现脱贫，农户收入水平的可持续提升等。目前，学术界在研究金融扶贫时，更多的是从政策、制度的角度进行宏观研究，而直接研究金融科技扶贫的文献比较少，尤其是定量研究更加稀缺。农村金融科技创新是下一阶段脱贫的重要方式吗？金融科技对农户可行能力提升、收入增长是否具有积极作用？农户可行能力结构间又是如何相互作用并最终作用于农户可持续增收的？关于这些问题，学术界目前尚处于探索阶段。本书研究的主要目的便是回答上述问题。

六是在总结脱贫经验后，提出后续巩固脱贫时期金融巩固脱贫的相关政策机制：2020年3月6日，习近平总书记在决战决胜脱贫攻坚座谈会上充分分析了我国当前扶贫脱贫工作中面临的种种困难和挑战时指出："目前我国巩固脱贫成果难度还很高……原因在于已脱贫人口中存在返贫风险、边缘人口中存在致贫风险……""脱真贫，真脱贫"是党的十九大报告和习近平总书记所提出的"精准扶贫精准脱贫基本方略"的具体战略目标，与我国提出的"乡村振兴战略"是一脉相承的，只有农民真正脱贫，实现可持续增收，乡村振兴战略方能具备坚实的物质基础。提出适宜我国农户返贫阻断的政策机制是本书的落脚点，也是本书研究的主要目的，对我国巩固现有脱贫成果具有积极的现实价值。

第三节　研究意义

一、理论意义

（一）探讨符合我国扶贫脱贫实际的可行能力结构组成要素，为可行能力在中国的拓展作出一点有益尝试

根据诺贝尔经济学奖得主阿马蒂亚·森可行能力理论要旨，可行能力五项清单只是宏观的、共性的总结，不同国家、不同地域应因地制宜。因此，环境不同，可行能力的结构组成也存在较大异质性。尤其是社会制度不同，可行能力结构的异质性更加明显，我国作为社会主义国家，从根本上最契合阿马蒂亚·森关于自由的理论，有好多方面得到充分的体现，如政治自由、平等关系等。因此，在社会主义制度条件下，讨论农户的可行能力结构，理论上具有一定积极意义，对可行能力理论在社会主义制度下的拓展和发展具有一定的补益作用。

（二）构建我国农村金融科技扶贫脱贫的理论框架，为我国后续巩固脱贫时期农户脱贫提供一个可行方向

近几年以来，我国扶贫脱贫工作的方向是以精准扶贫精准脱贫基本方略为指导的，以最初的 2860 元人民币的贫困线为绝对脱贫指标（后期根据 GDP 以及通货膨胀率各省份调整了基本贫困线，如河北，大约在 3700 元人民币），截至 2020 年年底，我国已经实现了全国范围内的绝对脱贫。未来 5—10 年扶贫脱贫的方向应该是巩固现有脱贫成果，寻找脱贫方向。从能力的角度出发，确定扶贫的方向基本得到了学界的共识（黄萍，2003；李小云，2012；李小勇，2013；王磊，2017；朱方明，2019；李胜连，2021），因此，探讨能力脱贫应该是学术界接下来的一个研究热点问题。本书旨在从近年来飞速发展的金融科技视角去探讨其对巩固脱贫的积极作用，研究一套金融科技巩固脱贫的理论框架，弄清其具体的作用机制，为后期政府巩固脱贫或治贫提供全新思路。

二、实践意义

（一）从金融科技作用视角出发，以可行能力结构为中介变量，更加注重农户内生能力构建，为地方政府返贫阻断工作提供一个新思路

严格来讲，从马克思主义辩证法来看，脱贫工作是一项静态的、相对的事务性工作，而从长期来看，必然是贫困、扶贫、脱贫、巩固脱贫的动态的并且具有曲线性等征的过程，正如产品或产业的生命周期曲线一样，必然要经历一个导入、成长、成熟、衰退、再提升演化的过程，重要的是在面临衰退或困境时应积极采取提升的策略或对策，比如可口可乐公司，在历经上百年的创业过程中，必然经历了无数次的衰退和再提升的过程，但总体趋势是发展。因此，我国扶贫工作也必将经历事物的必然发展规律，关键是在出现次生贫困等返贫现象时，应该找准螺旋上升的纾困方式。因此，本书撰写的一个重要现实意义便是从发展的角度出发，客观认知未来我国巩固脱贫的难度（这与习近平总书记2020年关于扶贫的重要论述是一致的），探讨金融科技在农村的发展以及农村金融科技扶贫且返贫阻断的机制，为地方政府下一阶段巩固脱贫工作提供一个全新思路。

（二）为政府进一步制定有效的巩固脱贫扶持政策，以防大面积返贫，促进全面脱贫提供一套金融制度安排

提供方向，是战略的考量；而战术则是具体的实施路径，即战略是做正确的事，战术是正确地做事。对于未来几年我国地方政府巩固脱贫而言，在大方向明确条件下，"如何做"显得更加重要。如果能够为地方政府提供一套可参考的有效可行的巩固脱贫的制度与安排，将有较大裨益，这是本书撰写的落脚点，也是课题组在调研过程中一些地方政府的期许。因此，返贫阻断的制度安排设计能够为政府提供一种农户增收的稳定剂，能够为我国乡村振兴战略的有效落地和稳步发展提供坚实的政策保障，为我国城镇化发展战略的稳步实现提供有益动力，即农户收入持续增加必然改善相对贫困现状，相对贫困差距缩小必将促进乡村各项工作顺利开展，如产业落地、乡村环境改善等，进一步促使我国农业现代化快速到来并高质量发展，乡村得以振兴，必将朝着小城镇化方向有序稳步发展，从而逐步实现"乡村梦""中国梦"。

第四节　概念界定与研究边界

一、概念界定

（一）农村金融科技

金融科技是一个新生概念，国内外学者或机构对其认知具有差异性，本书将在第五章详细论述不同学者、不同金融机构或组织对

金融科技内涵的理解。通过对国内外学者与金融机构或组织对金融科技这一概念的理解,本书进行了认真的归纳与总结,并认为:金融科技,是指在互联网高度发展背景下,以人工智能、区块链、云计算、大数据、移动支付等技术为支撑,金融业在储蓄、贷款、产品衍生以及移动支付带动下的线上业务等方面展开的一系列创新活动,其目的在于提高经济效率和风险识别效率,且金融科技具有很强的场景效应,即不同的产业,其发展情况是不同的。因此,基于此概念,农村金融科技是指有效嵌入农业、农村和农民中的所有金融科技产品或平台以及一系列为了提升金融效率的科技服务行为。

(二)农户可行能力集

集合这一概念,是数学的名词,引用到系统科学,主要是指某一系统的结构组成,即组成部分,在经济学领域主要是某一问题的内部结构,即考量要件,也就是评价指标。诺贝尔经济学奖得主阿马蒂亚·森虽然提出了可行能力理论和概念,但并未对可行能力的具体考核指标进行详细的论述。本书将在第五章对社会主义制度下农户可行能力集(结构)进行详细的论述。本书认为,农户可行能力,即农户自主发展的内生能力,其结构或评价指标主要包括人力资产、社会资产、物质资产、自然资产、金融资产、精神资产和保障与透明性资产七个方面。

二、研究边界

贫困问题不是一个学科能够解决的问题,它既是一个经济学、管理学问题,又是一个社会学、民族学问题,从其整体系统来看,贫困更是一个交叉学科相互嵌套、相互作用的动态问题。因此,解决贫困的方向、方式非常宏大,限于团队整体认知,有必要对本书研究边界进行框定。本书主要从学科边界、时间边界、工具边界、中介边界和标的边界进行界定:(1)学科边界。本书在研究贫困巩固问题时主要从经济学和管理学角度展开研究,并夹杂一些如田野调查、深度访谈等社会学方法。(2)时间边界。本书研究的是 2020 年我国全面绝对脱贫之后,未来 5—10 年如何进一步巩固脱贫成果;检验数据以 2020 年调研数据为依据,检验自变量与因变量之间的作用关系。(3)工具边界。巩固脱贫成果的方式方法有千万种,本书只讨论"金融科技"这一自变量是如何影响农户增收的。(4)中介边界。金融科技在巩固脱贫过程中采取的方式或通过的路径是多种多样的,本书只讨论金融科技是如何作用于"农户可行能力结构"7 大方面的,以及可行能力内部结构之间的传导关系。(5)标的边界。标的边界即因变量,本书因变量是指农户的收入增加情况。本书基本上是在上述边界界定条件下展开研究的。

第五节　研究思路与研究方法

一、研究思路

本书按照"提出问题—分析问题—解决问题"的思路展开研究。首先对预研究问题进行预调研,形成本书的研究思路:第一,对国内外相关理论以及学者的研究现状进行梳理与总结,寻找目前研究热点、存在的局限性等;第二,系统深入地总结分析我国金融科技支农的现状,总结金融科技支农的重要作用或路径;第三,总结我国精准扶贫以来扶贫脱贫取得的成果和经验;第四,根据学者观点并结合我国扶贫实践经验和特点建构农村金融科技和农户可行能力结构的评价指标体系;第五,对问卷进行科学设计并组织问卷调查;第六,对我国农户可行能力进行组内比较,主要是在贫困户、脱贫户、小康户、富裕户之间;第七,实证研究金融科技、农户可行能力与农户之间的作用关系;第八,系统设计我国返贫阻断的政策制度。具体研究思路见图2。

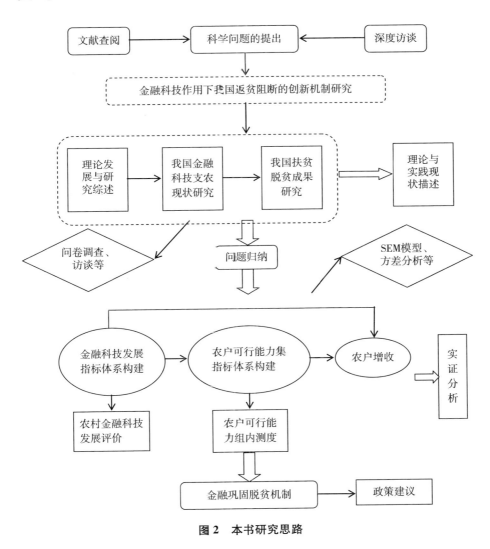

图 2　本书研究思路

二、主要研究方法

本书注重理论与实际相结合、定性与定量相结合，综合运用经济学、管理学和社会学方法展开研究，其中"理论发展与研究综述"部分采取文献查阅法进行研究；"金融科技支农现状"和"我国扶贫脱贫成果总结"采取问卷调查、官方资料收集、访谈等方法；"农村金融科技发展指标"和"农户可行能力结构指标"采取归纳与演绎法、专家意见法等；金融科技创新、农户可行能力结构与农户增收之间的作用关系采取结构方程模型（SEM）方法、问卷调查法、方差分析等；"返贫阻断机制创新"主要采取专家意见法、深度访谈法和归纳总结法等。

第六节　主要创新点

一、创新金融科技扶贫贷款与风险防范模式的能力信用评价框架

金融科技扶贫以消费金融的形式得以最直观的体现，它将是我国乡村振兴战略最直接的翘板。目前金融科技扶贫的困境在于其风险防范机制的确立。以农户"可行能力结构"作为其风险防范的信用中介评价指标，具有很强的创新性与可操作性，必将为农户脱贫提供便捷、高效的资金、资本保障。

二、创新能力扶贫思路，科学构建可行能力集

打破扶贫脱贫绝对收入观，激发农户内生能力建设，在可行能力理论基础上，结合我国扶贫实际，科学构建可行能力集的结构指

标体系,进一步丰富与完善可行能力理论。前人虽做过有益研究,但更多停留在理论探讨方面,本书将理论与实证相结合,既全面系统科学提出"可行能力集"的组成,又进行实证测量,并进行横纵向比较研究,以期从现象与本质两方面深挖农户贫困的新的突破口。

三、创新研究视角,科学辩证剖析扶贫路径与嵌入政策

根据课题组目前掌握的材料,前人尚未对金融科技、可行能力与贫困的关系展开深入研究,更多停留在经验意识层面,缺乏科学论证,本书将通过大量的问卷调查和实地走访获取第一手数据,对三者关系进行科学验证,并从中找到金融科技支农的创新方向、农户可行能力提升的路径与两者的嵌入政策等,为我国下一阶段脱贫提供新的思路。

第一章　相关理论概述

第一节　金融科技理论及其发展

一、金融科技的起源

进入 21 世纪以来,互联网和大数据以迅猛之势发展,被动督促传统产业的革新,金融与科技相结合的浪潮也由此合理化、必要化。"金融科技"这一词汇在 1972 年最早由贝廷格(Bettinger)提出,原意是指将银行的专业知识与现代管理科技以及计算机相结合。金融科技是花旗银行于 20 世纪 90 年代初发起"金融服务技术联盟"提及的概念,特指创新技术,以及推动和改善金融服务的初创科技公司(Startups)。金融科技没有官方统一的标准定义,全球金融稳定委员会(Financial Stability Board,FBS)对金融科技的界定是,金融与科技相互融合,创造新的业务模式、新的应用、新的流程和新的产品,从而对金融市场、金融机构、金融服务的提供方式形成非常大的影响。中国互联网协会、互联网金融工作委员会组织编写的《中国金融科技发展概览(2016)》将金融科技定义为

"金融科技是指科技在金融领域的应用,旨在创新金融产品和服务模式、改善客户体验、降低交易成本、提高服务效率,更好地满足人们的需求"。著名投资银行高盛将金融科技定义为:"金融科技公司需要以技术为基础,并且专注于金融产品与服务价值链上一部分或多部分。"维基百科关于金融科技的定义是:"由那些提供技术使金融服务更有效率的公司所组成的经济产业。金融科技企业初创的目标是瓦解眼前那些不够科技的大型金融企业和体系。"李伟(2017)认为,金融科技是技术驱动的金融创新,核心是利用新兴技术改造或创新金融产品、经营模式和业务流程。[1] 皮天雷、刘垚森、吴鸿燕(2018)认为,金融科技的应用模式大多是众多新兴科技的耦合,因此对金融科技初步界定如下:金融科技是以众多新兴科技为后端支撑,并给传统金融行业带来新的业务模式的金融创新。[2] 中国社会科学院金融研究所的朱太辉、陈璐(2016)认为,对任何与金融有关的新名词、新现象的理论解释要回归本源,遵守基本金融理论,才能正确指导实践创新。[3] 根据具体应用领域,金融科技可以分为以下五大类:在支付清算领域,包括网络和移动支付、数字货币、分布式账本技术应用等;在融资领域,包括股权众筹、P2P 网络借贷、分布式账本技术应用等;在市场基础设施领域,包括智能合约、大数据、云计算、数字身份识别等;在投资管理领域,包括电子交易、机器人投资顾问等;在保险领域,包括保险分解和联合保险等(FBS,2016)。

---

[1]　李伟:《金融科技发展与监管》,《中国金融》2017 年第 8 期。

[2]　皮天雷、刘垚森、吴鸿燕:《金融科技:内涵、逻辑与风险监管》,《财经科学》2018 年第 9 期。

[3]　朱太辉、陈璐:《Fintech 的潜在风险与监管应对研究》,《金融监管研究》2016 年第 7 期。

二、金融科技与互联网金融的关系

从直观上理解,互联网金融更多地被看作互联网公司从事金融业务,而金融科技则更突出技术特性。[①] 从定义看,中国人民银行发布的《中国金融稳定报告》称:"广义的互联网金融既包括作为非金融机构的互联网企业从事的金融业务,也包括金融机构通过互联网开展的业务;狭义的互联网金融仅指互联网企业开展的、基于互联网技术的金融业务。"有许多学者认为"互联网金融=互联网+金融"。郑联盛(2014)提出,互联网金融是一种新兴的金融服务模式,它的信息中介、资金融通等业务借助于新兴网络信息技术实现。[②]

从空间范围看,叶纯青(2016)认为,互联网金融的概念仅适用于我国,金融科技则是欧美乃至全球范畴的概念[③]。从发展阶段来看,许多学者认为互联网金融是金融科技的一个发展阶段,互联网金融只是作为向金融科技过渡的一个阶段而存在。从范围来看,皮天雷、刘垚森等(2018)认为,金融科技比互联网金融包含的商业模式更广。

在影响方面,一部分学者认同"互联网金融和金融科技同质论"。如叶纯青(2016)认为,金融科技和互联网金融两者都为金融行业提供了更丰富的服务,可以说其核心是一致的,都是用技术驱动金融创新,从而提高效率并降低成本;也有学者否定这种论调,他们认为这仅仅是名词上的创新,并不会给金融业带来大的变革。与"同质论"相对应,一部分学者则认为互联网金融和金融科

---

① 北京大学数字金融研究中心课题组:《数字普惠金融指标体系与指数编制》,北京大学数字金融研究中心 2016 年工作论文。
② 郑联盛:《中国互联网金融:模式、影响、本质与风险》,《国际经济评论》2014 年第 5 期。
③ 叶纯青:《"Fintech"与互联网金融》,《金融科技时代》2016 年第 8 期。

技有本质上的区别,而不只是文字表述不同:金融科技是互联网金融的较成熟阶段,它利用的技术、解决的问题都比互联网金融要更进一个层次,这种提升是循序渐进的,但不可忽视。金融科技与互联网金融有本质区别。中国人民银行等十部委定义的"互联网金融"是传统金融机构与互联网企业利用互联网技术和信息通信技术实现资金融通、支付、投资和信息中介服务的新型金融业务模式。贺建清(2017)认为,互联网金融是一种商业模式,它将传统金融行业的一些业务转移到线上;而金融科技则是基于金融本身萌发出的一种全新产品。① 可见,金融科技与互联网金融既相互联系,又有所区别,金融科技的发展需要互联网金融的有效嵌入;互联网金融又离不开金融科技产品与服务的不断创新。

三、金融科技的发展历程

从科技驱动的角度,一般把金融科技发展分为三个阶段,分别是 IT 阶段、互联网金融阶段和金融科技阶段。部分学者把金融科技发展历程分为三个阶段:

第一个阶段可以界定为金融 IT 阶段。这时候 IT 公司通常并没有直接参与公司的业务环节,IT 系统在金融体系内部是一个很典型的成本部门,现在银行等机构中还经常会讨论核心系统、信贷系统、清算系统等,就是这个阶段的代表。② 主流模式是直销银行、金融超市。③ 金融业实现了从传统业务处理向基于现代信息系统的数据化业务处理的迁移。

---

① 贺建清:《金融科技:发展、影响与监管》,《金融发展研究》2017 年第 6 期。
② 巴曙松、白海峰:《金融科技的发展历程与核心技术应用场景探索》,《清华金融评论》2016 年第 11 期。
③ 卫冰飞:《中美金融科技比较及思考》,《清华金融评论》2016 年第 10 期。

第二个阶段可以界定为互联网金融阶段。金融行业通过传统IT硬件来实现办公和业务的电子化。本质上是对传统金融渠道的变革,实现信息共享和业务融合。主流模式是P2P网贷、大数据风控、智能投顾。

第三个阶段是金融科技阶段。以科技驱动的创新企业和提供金融服务的信息科技企业为代表,代表技术就是大数据征信、智能投顾、供应链金融。主流模式是基于区块链的清结算系统和交易所、电子货币。随着电子货币的兴起和云计算、人工智能、区块链作为金融底层架构的应用,基于云计算、人工智能、区块链的支付、清结算和交易得以实现。

四、金融科技带来的影响

金融科技经历了三个发展阶段,发展规模和速度迅猛使其影响力能够覆盖到整个金融领域,对传统金融机构、金融需求方、金融市场基础设施、金融立法和监管以及各个产业都产生了不可小觑的影响。

(一)对传统金融机构的影响

部分学者认为,金融科技对传统金融机构的影响是温和的、创造性促进,金融科技本质是为传统金融机构服务的,金融科技是传统金融发展的新阶段。另一部分学者,如巫云仙、朱民等认为,金融科技对传统金融机构的影响是破坏性的创新,这部分学者认为金融科技是传统金融机构的"外来威胁者",金融科技会重塑金融生态系统,若传统金融机构不能抓住机遇改革,会被新兴服务机构取而代之。如朱太辉、陈璐(2016)分析,金融科技在提高金融服务效率、扩大金融服务范围、改善金融服务体验等方面的作用,他认为目前金融科技对传统金融体系的影响更多体现为"创造性促进"。但与此同时,金融科技没有改变金融业务的风险属性,其开放性、互联互通性、科技含量更高的特征,使金融风险更加隐蔽,信息科技风险和操作风险问题更为突出,潜在的系统性、周期性风险更加复杂。① 与朱太辉、陈璐等认为的金融科技对传统金融影响是温和的、创造性促进不同的是,有学者认为金融科技对传统金融机构的影响是破坏性的创新,如巫云仙(2016)以破坏性创新为切入点,重点研究金融科技对传统金融业带来的冲击和挑战。金融科技打破原有低效金融体系的平衡,开启金融生态的重塑。② 他指出,初创公司利用信息技术改变了传统金融机构的支付和结算方式,紧接着是消费银行业务和物理网点建设。具体技术形式是智能手机、计算机编程和手机 APP (Accelerated Parallel Processing)。典型代表有肯尼亚的移动钱包 M-PESA,中国阿里巴巴的支付宝和腾讯公司的微信红包,印度 PayTM 钱包,美国 Stripe、PayPal、Apple Pay 等。清华大学国家金融研究院院长、国际货币基金组织(Internatioanl Monetary Fund, IMF)原副总裁朱民(2017)也认为,金融科技颠覆性地改变了金融业的运行模式。金融科技的运行模式具有五大新特点:平台和非网点、轻资产和重数据、无中介、自动化、赋权客户。这对传统金融机构是一个巨大的挑战,是因为在金融供给方的第二层面出现了无数金融科技企业,它们以专业化、垂直化和细分市场为特征,以对客户和市场的更深更细的了解,切入传统金融机构的业务链条,逼迫传统金融机构从

---

①　朱太辉、陈璐:《FinTech 的潜在风险与监管应对研究》,《金融监管研究》2016 年第 7 期。

②　巫云仙:《FinTech 对金融业的"破坏性创新"》,《河北学刊》2016 年第 6 期。

原来内生的、封闭的产业过程外生化、生产链化和市场化。[①] 李淼
(2016)分析,毕马威与风投数据智库联合发布的数据,从金融科
技的融资规模和资金来源领域来说明资本关注金融科技成最吸金
领域,他指出,预期中国金融科技企业将出现合并重组浪潮。[②] 王
娜、王在全(2017)从银行业务、银行信用职能、金融消费者和金融
竞争格局四个方面分析金融科技的发展对商业银行的影响。她指
出金融科技与商业银行之间是竞争关系,并总结了金融科技公司
与传统商业银行在开展金融业务时在监管力度、经营成本、推广速
度、顾客互动、应变能力、地域限制、信用基础、购买门槛方面八个
不同点。[③] 他们认为,因为金融科技公司在众多方面更具有低成
本、低门槛、灵活开放、社区化的优点,更能适应我国经济发展趋
势,所以商业银行要与金融科技公司加强合作。具体举措是商业
银行可与互联网公司合作推出融合金融服务、消费等功能的全能
APP,构建金融生态。余丹丹(2019)指出,投资机构普遍看好金融
科技的应用前景。红杉资本全球合伙人沈南鹏参与了大数金融、
买单侠等金融科技项目投资,他认为金融行业是高度数据化的产
业,是人工智能最好的应用行业。星合资本郭宇航设立了国内首
只金融科技专项投资基金,认为区块链有良好的应用前景。郭宇
航投资的金融科技项目有联众金融、保秀才、天云大数据等。此
外,创世伙伴资本创始主管合伙人周炜则投资了宜信、融360、京
东金融。还有顺为资本的程天、光速中国的宓群、华创资本的吴海

① 朱民:《金融科技重塑金融生态》,《中国中小企业》2017年第11期。
② 李淼:《资本关注金融科技成最吸金领域》,《中国战略新兴产业》2016年第14期。
③ 王娜、王在全:《金融科技背景下商业银行转型策略研究》,《现代管理科学》2017年第7期。

燕等也纷纷进入金融科技领域投资。① 刘晓磊(2020)认为,商业银行要采用交互性发展模式,通过建立"线上虚拟化银行+线下产品服务体验+客户经理及人工服务"这种"三位一体"的创新型商业银行模式,来改善商业银行目前的组织结构。② 吴朝平(2020)认为,应用程序编程接口(Application Programming Interface,API)是金融科技背景下商业银行转型升级的重要方向,尤其是在数字化转型、生态圈场景建设、平台升级迭代等商业银行金融科技转型升级的重要方面和热点领域。③

可见,综上而言,金融科技的出现对传统金融行业而言是一把"双刃剑",既是机会又是挑战。

(二)对金融需求者的影响

一部分学者认为,金融科技改变了长期以来人们对金融业的行为认知,能够释放长尾效应,使人人均能参与金融活动,充分发挥好投资者和融资者的双重身份。还有学者研究认为,金融的消费体验方甚至也会反过来促进金融科技的发展,金融需求引领金融科技的创新。巫云仙(2015)认为,那些很少享受到金融服务的人群,在金融危机中失去工作的人以及接受过良好教育的群体都是金融科技的忠实支持者和需求者。对消费者来说,意味着更多的选择、更好的定向服务、更低的价格、更普惠的金融体系、更好的连接和更多的授权。④ 朱民(2017)认为,现阶段的金融市场已经

---

① 余丹丹:《金融科技发展趋势分析》,《科技经济市场》2019 年第 8 期。
② 刘晓磊:《金融科技背景下商业银行转型研究》,《中外企业家》2020 年第 18 期。
③ 吴朝平:《API 开放银行:金融科技背景下商业银行转型升级的重要方向》,《金融理论与实践》2020 年第 1 期。
④ 巫云仙:《FinTech 对金融业的"破坏性创新"》,《河北学刊》2016 年第 6 期。

从看重消费者过渡到更加精确的消费者体验。一方面是因为金融科技赋权消费者使得市场的重心向消费者倾斜,消费者真正成了"上帝"。另一方面是由于海量供应使消费者有选择权,消费者本身化身为平台,他强调这是一个最为根本的生态变化。① 截至 2020 年 12 月,我国网民规模 9.89 亿人,互联网普及率达70.4%。② 余丹丹(2019)从微观角度分析,认为网民基数正是我国金融科技需求不断攀升的主要原因之一。网民中大部分是伴随互联网一起成长起来的新生代,他们正逐渐成为 GDP 增长的主要推动者,数字化和智慧化的高效金融服务要比传统的电话或人工服务更能迎合新生代的消费需求。从宏观角度来看,是数字化经济转型的载体和动力。然而,任何新生事物都具有两面性。课题组在具体调研环节发现:农村消费者,尤其是年龄在55 岁以上的农民,对金融科技往往持抱怨、怀疑甚至是否定的态度,这与其自身思想守旧、小农意识等固然相关,但也反映出金融科技在产品提升和用户满意度等方面还有较大提升空间。

可见,消费者,尤其是年轻消费者对金融科技的需求势头向好;而对于农村老龄客户而言,其还有很大的提升空间。

(三)对金融市场基础设施的影响

金融科技不仅对传统金融机构和金融消费者产生关联影响,还会洗礼和冲击金融市场的基础设施,使现有的金融模式更新换代。有学者通过研究金融科技的核心技术来分析对金融市场基础设施的影响,但此方面的理论仍较少。巫云仙(2016)认为,现代

---

① 朱民:《金融科技重塑金融生态》,《中国中小企业》2017 年第 11 期。
② 资料来源:中国互联网信息中心,http://www.cnnic.net.cn。

金融体系是建立在三个基本框架之上的,即商业信任是依赖法律条文而存在的;资产转移交易以独立的第三方作为信用中介,以保障交易的实现;交易结算和清算是以集中式的清算机构集中处理完成的。但在未来,这些制度都有可能被区块链技术和分布式账户所颠覆。朱民(2017)认为,第三方支付和移动支付正在改变金融市场的基础设施,加快去现金化。在区块链情况下,金融市场基础设施是一个开放平台,是第三方可以加入的、"去中心化"的基础设施。

由此可见,在可预见的将来,金融科技将改变或促发金融市场基础设施的变革。

(四)对传统金融监管和立法生态的影响

技术和业务创新在前,立法和监管紧随其后。原有的监管和立法生态会随金融科技的发展不断地规整和完善。由于金融科技是迅猛发展的,监管更是处于变中之变的境地。大部分学者在研究金融科技时都不免会提及金融监管的问题。关于金融科技监管方面的文献也呈现出逐年攀升的增长趋势,说明金融科技监管问题在近年来引起了相关主体的重视。有部分学者单独把金融监管作为独立的研究主体,借鉴英国、美国等发达国家的监管经验,对我国金融科技监管提出针对性意见。也有部分学者把监管科技作为整体的对象来进行研究,还有学者立足于分析我国金融科技发展现状,对金融科技监管提出针对性意见。

有许多学者指出,国际领域对金融科技的重视程度。国际货币基金组织、金融稳定理事会等国际组织和欧美发达国家(地区)的政府部门纷纷成立专门工作组,跟踪研究金融科技创新的发展演进、风险变化和监管应对等问题,探索改进监管体系和完善监管政策。对此,许多学者在处理金融科技监管问题上,认为可以借鉴英国、美国监管沙盒的经验。"监管沙盒"的概念是由英国首先提出,"监管沙盒"主要是以实验的方式,创造一个"安全区域"(Safe Place),适当放松参与实验的创新产品和服务的约束,激发创新活力,随后澳大利亚、新加坡、中国香港等国家和地区纷纷采用。黄震、邓建鹏等(2014)总结英国监管模式的核心是行业自律先行,监管后行,行业自律与政府监管共同作用。美国主要监管机构只有两家,其更加注重政府监管和立法规范。[1] 边卫红、单文(2017)分析不同国家"监管沙盒"的特点,他认为英国的"监管沙箱"是注重创新和消费者保护,澳大利亚"监管沙箱豁免"(Regulatory Sandbox Exemption)注重时间效率和风险控制。[2] 朱太辉、陈璐(2016)认为,根据业务属性,基于现有金融监管框架实施归口监管、行业自律先行。在金融科技发展初期,积极探索"监管沙盒"等鼓励创新的监管模式、强化信息披露,完善金融消费者权益保护机制。徐文德、殷文哲(2016)介绍了"监管沙箱"政策的主要内容,分析了该政策的作用,并对我国如何借鉴该政策应对互联网金融创新提出了建议。[3] 李伟(2016)认为,运用"监管沙箱"防范创新风险,开辟金融科技应用的"试验田",中国作为全球金融科技发展的领跑者,对监管模式的探索和创新更加急迫,同时监管工作

---

① 黄震、邓建鹏、熊明、任一奇、乔宇涵:《英美 P2P 监管体系比较与我国 P2P 监管思路研究》,《金融监管研究》2014 年第 10 期。

② 边卫红、单文:《Fintech 发展与"监管沙箱"——基于主要国家的比较分析》,《金融监管研究》2017 年第 7 期。

③ 徐文德、殷文哲:《英国金融行为监管局"监管沙箱"主要内容及对互联网金融的启示》,《海南金融》2016 年第 11 期。

面临的挑战也更加巨大。① 张景智（2017）对英国、澳大利亚、新加坡、中国香港和中国台湾的"监管沙箱"在作用定位、测试要求、测试授权和规则调整，以及配套措施等运作方式进行了比较分析。②

　　监管科技是伴随着金融科技发展的新型监管手段，传统的监管技术无法适用于金融科技的监管。监管科技（Regtech）没有官方的定义，是"Regulation"与"Technology"的合成词，于 2015 年 3 月首次出现在英国政府科学办公室对"金融科技优势"的研究报告中，随后被各个国家纷纷接受并使用。孙国峰（2017）指出，监管者花费数十年只能积累有限的案例，而人工智能却可以在很短的时间内学习全球历史上所有的案例，并进行推理。因此，他提出我国可以探索将人工智能应用于金融监管，即以监管科技（RegTech）应对金融科技（FinTech）的建议。③ 李伟（2017）指出，监管科技的本质是采用新技术在监管部门与金融机构之间建立可信赖、可持续、可执行的监管协议与合规性评估机制，旨在提高监管部门的监管效能，降低金融机构的合规成本。杨东（2018）认为，必须在审慎监管、行为监管等传统金融监管维度之外增之以科技维度，构建以数据驱动为核心的金融监管，形塑双维监管体系。④ 陈实（2018）指出，监管科技在融入监管体系的过程中需要特别注意以下五方面：数据的收集和处理能力、人工智能与金融监管的深度融合、重视人才队伍建设、重视机构间的交流、建立监管

---

① 李伟：《沃尔克法则、宏观审慎监管理论及对我国金融监管的启示》，《北京金融评论》2016 年第 4 期。
② 张景智：《"监管沙盒"的国际模式和中国内地的发展路径》，《金融监管研究》2017 年第 5 期。
③ 孙国峰：《从 FinTech 到 RegTech》，《清华金融评论》2017 年第 5 期。
④ 杨东：《监管科技：金融科技的监管挑战与维度建构》，《中国社会科学》2018 年第 5 期。

试错机制。① 吴燕妮(2018)分析了全球监管科技的发展现状,研究监管科技的法律逻辑并对比各国监管科技的选择情况。② 韩俊华、周全等(2019)认为,区块链是推动大数据发展的基础设施,能够自信任、防篡改、可追溯、信任网络、"去中心化"、共享机制、代码表达,是匹配大数据、互联网金融风险监管的关键技术。③

也有不少学者通过分析金融科技发展现状提出针对性建议。如黄震、邓建鹏等(2014)认为,我国适用规定不可为的监管思路,即划出监管红线,未越界的经营模式都可进行大胆尝试和创新。廖岷(2016)从全球金融科技的监管现状看,认为监管合作应对不足。下一步,预计金融科技的国际治理和双边合作将加速推进,而各国也将厘清监管职责范围,将金融科技的各种金融活动纳入现有监管框架之中。④ 贺建清(2016)认为,跨境支付服务已经被人们普遍使用,政府在监管和消费者保护等方面应采取适当措施。朱民(2017)从五个方面提出监管建议:第一,现行的以规则为主的金融监管难以覆盖金融科技的发展,金融监管必须从机构监管走向功能监管。第二,金融监管应该打破静态的点式监管,要实现跨区域和跨境的监管。第三,监管必须是实时的,因为金融科技模型迭代很快,也因为金融科技下的市场发生和波动变化都很快。第四,保护好消费者的个人信息是金融监管的重要职责。第五,需要构建重视数据安全、保护个人权益的法律框架。余丹丹(2019)

① 陈实:《金融科技视野下的技术监管挑战》,《清华金融评论》2018 年第 3 期。
② 吴燕妮:《金融科技前沿应用的法律挑战与监管——区块链和监管科技的视角》,《大连理工大学学报(社会科学版)》2018 年第 3 期。
③ 韩俊华、周全、王宏昌:《大数据时代科技与金融融合风险及区块链技术监管》,《科学管理研究》2019 年第 1 期。
④ 廖岷:《全球金融科技监管的现状与未来走向》,《新金融》2016 年第 10 期。

提出谁主导生态,谁就主导未来的观点。她认为,影响未来金融生态的是市场竞争、金融监管和立法两股力量。

(五)对实体经济/小微企业的影响

中国人民银行印发的《金融科技(FinTech)发展规划(2019—2021年)》指出,要运用金融科技手段实现滴管式精准扶持,加快完善小微企业、民营企业等重点领域的信贷流程和信用评价模型,引导企业征信机构利用替代数据评估企业信用状况,提高贷款发放效率和服务便利度,纾解企业"融资难、融资贵"的困局,促进经济转型升级。[1] 2019年10月24日,习近平总书记在中共中央政治局第十八次集体学习时强调,区块链技术的集成应用在新的技术革新和产业变革中起着重要作用,要推动区块链和实体经济深度融合,解决中小企业贷款融资难、银行风控难、部门监管难等问题。[2] 金融科技促进了普惠金融的发展进程。金融科技破坏性威力的重要方面是使中小企业受惠,成为中小企业融资的改变者。中国的初创科技公司在普惠金融方面作出了榜样。如阿里巴巴开发的支付宝,最初是解决淘宝电商的支付和结算问题,但目前已构建了一个专注于小微企业和个人消费业务的蚂蚁金服金融集团,为普惠金融的发展进行了各种尝试。尹优平(2017)认为,金融科技改变边际效益递减规律,通过服务草根大众释放"长尾效益",使供需双方获得成本可负担和商业可持续的平衡。金融科技带来

---

[1] 中国人民银行:《金融科技(FinTech)发展规划(2019—2021年)》,2019年8月,http://www.pbc.gov.cn。

[2] 《习近平在中央政治局第十八次集体学习时强调 把区块链作为核心技术自主创新重要突破口 加快推动区块链技术和产业创新发展》,《北京人大》2019年第11期。

金融服务成本和效率的改变,进而实现"普"和"惠"的统一。① 陆岷峰等(2019)分析了金融的政策性作用与商业性作用的内在对立。基于理论分析得出要鼓励发展金融科技、强化金融科技的监管应用、推进金融改革、鼓励传统金融创新等,为进一步发展普惠金融提出相关建议。②

五、金融科技的技术依据

(一)最广受关注的是区块链技术

许多学者从区块链技术的特征、面临风险、核心层次、应用场景进行研究。就区块链技术而言,可以划分为网络层、共识层、数据层、智能合约层和应用层五个层次。区块链技术将密码技术与分布式记账技术、共识机制有机结合。密码技术支撑金融信用背书技术化。区块链面临包括法律、技术、金融市场设计、风险管理、商业五方面挑战。袁勇、王飞跃(2016)通过解构区块链的核心要素,提出了区块链系统的基础架构模型。③ 邵奇峰等(2018)结合比特币、以太坊和超级账本 Fabric 等区块链平台提出了区块链系统的体系架构。④ 区块链的应用场景很广泛,巴洁如(2017)认为,区块链技术在金融领域的应用前景:以跨境支付为例,区块链技术完成对跨境支付流程的改造,包括支付发起、资金转移、资金交付、

----

① 尹优平:《金融科技助推普惠金融》,《中国金融》2017 年第 22 期。
② 陆岷峰、季子钊、王婷婷:《金融科技助力普惠金融目标实现的研究:基于消费投资决策模型》,《金融理论与教学》2019 年第 5 期。
③ 袁勇、王飞跃:《区块链技术发展现状与展望》,《自动化学报》2016 年第 4 期。
④ 邵奇峰、金澈清、张召、钱卫宁、周傲英:《区块链技术:架构及进展》,《计算机学报》2018 年第 5 期。

交易后共四个阶段。区块链的应用场景包括数字货币、保险业规避传统保单中的信息不对称。[①]

（二）最典型的是人工智能

除了区块链之外，人工智能领域也广受关注。时间维度上利用人工智能在信息传递、预测和数据处理三个方面"跑赢"时间。人工智能是延伸与扩展人类智慧的综合性技术应用。人工智能推动智慧金融创新发展。人工智能的应用场景包括智能投顾、量化投资、信用卡还款。

（三）大数据

大数据助推金融业务精细化运作。一是市场营销更加精细。依托丰富的客户信息和交易数据，金融机构能够勾画用户"3D"图像，实现精准营销。二是业务场景更加精细。通过对客户交易记录、消费习惯、理财偏好等数据的有效整合，深挖客户急需的、替代性较低的业务场景，形成细分市场的差异竞争优势，避免低水平竞争现象。三是风险管理更加精细。建设风险计量评分体系，根据评分分级分类，提高欺诈行为识别、反洗钱分析的管理水平。

（四）云计算促进金融服务集约化发展

云计算和金融业务的深度融合，凸显了其按需分配、弹性扩展的资源配置优势。基础设施服务（Infrastructure-as-a service，IaaS）、平台服务（Platform-as-a-Service，PaaS）、软件服务（Software-

---

① 巴洁如：《区块链技术的金融行业应用前景及挑战》，《金融理论与实践》2017 年第4 期。

as-a-Service,SaaS)服务模式的推广应用,逐步实现自动资源配置、高效平台管理、优化金融服务。

(五)互联网和移动支付推动数字普惠金融发展

移动互联技术作为重要的数字技术,能够促进金融服务模式与工具的创新,在一定程度上消除因使用成本、文化程度、地域限制等造成的数字鸿沟,为突破普惠金融发展"瓶颈"提供有效的解决方案。

第二节 可行能力理论及其发展研究综述

一、相关概念的论述

"可行能力"这一特有名词是由印度经济学家阿马蒂亚·森首次提出,在《贫困与饥荒:论权利与剥夺》中,他提出一个人的"可行能力"是指此人有可能实现的、各种可能的功能性活动的组合。[①] 后来,阿马蒂亚·森在《以自由看待发展》中进一步解释:"一个人的可行能力指的是此人有可能实现的、各种可能的功能性活动的组合(或者用日常语言说,就是实现各种不同生活方式的自由)"[②]。"功能性活动"的概念源自亚里士多德,反映了一个人认为值得去做或达到的多种多样的事情或状态,有价值的功能性活动的种类很多,从很初级的要求,如有足够的营养和不受可避

---

①　[印度]阿马蒂亚·森:《贫困与饥荒:论权利与剥夺》,王宇、王文玉译,商务印书馆2004年版,第21—24页。
②　[印度]阿马蒂亚·森:《以自由看待发展》,任赜、于真译,中国人民大学出版社2013年版,第47—49页。

免的疾病之害,到非常复杂的活动或者个人的状态,如参与社区生活和拥有自尊。阿马蒂亚·森认为,人的实际成就可以由一个功能性活动向量来表示。一个人的"可行能力集"由这个人可以选择的那些可以互相替代的功能性活动向量组成,可行能力通过功能性活动才能显示出来。在阿马蒂亚·森那里,功能性活动定义了福利内涵。一个人的福利可以根据他的生活质量(也可以说生活得好)来看待。可以把生活看成是由于一组相互联系的"功能性活动",或者说生活状态和各种活动构成。

自由是可行能力的哲学基础。阿马蒂亚·森认为,可行能力是一种自由,是实现各种可能的功能性活动组合的实质自由。能力(capability)这个概念是构成阿马蒂亚·森自由概念的核心词,在自由体系当中占有重要的地位。[①] 实际上,能力本质上就是一件自由的事情,自由和可行能力是等价的。因此,可行能力观念本质上是自由的观念,即一个人在决定过何种生活上的选择范围。阿马蒂亚·森大致也将自由归为自由的过程方面和能力方面,但他更加关注的是自由的能力方面。也就是说,他直接关注自由本身而非实现自由的手段。可行能力方法是以"实质自由"为视角,他认为个人的实质性自由可以理解为一个人做自己认为有价值的事的"可行能力"。因此,可行能力方法的本质是某种自由,是一个人能够按照自己本身的意愿选择去做某件事或者某种生活方式的能力。

出于评价目的考虑,阿马蒂亚·森进一步提出了"功能性活动向量"和"可行能力集"的概念。前者包括人所享有的每一种功

---

① 邵萍:《浅析阿马蒂亚·森实质自由的内涵》,《法制与社会》2009年第5期。

能性活动的数量和水平的实数,后者包括可供这个人选择的可相互替代的功能性活动向量。① 如果说一个功能性活动成就是评价空间的一个点,那么可行能力就是这样一些点组成的集合。可以把功能性活动和可行能力分别看成成就和自由。如果所实现的功能性活动构成了一个人的福利,那么实现功能性活动的可行能力(也就是说,一个人能够选择拥有的各种功能性活动组合)将构成一个人拥有福利的自由,即实际机会。实质自由包括免受困苦,诸如饥饿、营养不良、可避免的疾病、过早死亡之类的基本的可行能力,以及能够识字、算数、享受政治参与等的自由。

二、传统福利经济学与可行能力理论比较

边沁、艾奇沃斯、马歇尔、庇古等学者构建的传统福利经济学视角下的贫困是单一维度的贫困,仅仅通过人们的工资收入水平来进行衡量,这是一种工具性的贫困。而随着经济水平的发展,简单运用经济收入指标来衡量的发达地区贫困人口在逐步减少,照此种衡量标准,当经济总量积累到一定程度,即人均国民生产总值达到理想数值,人们将全面摆脱任何性质的贫困,然而事实上并非如此。仅仅依靠经济收入对贫困的衡量是非常扁平化的。

可行能力概念与理论的发展起点是基于传统福利测度思想的批判与反思。传统福利测度的理念主要受功利主义和罗尔斯思想的影响,落实于福利考察操作都是以手段为导向的标准方法,所关注的都是实现目的的工具。阿马蒂亚·森认为"如果我们把注意力从排他性地考虑收入贫困,转到考虑更包容的可行能力的剥夺,

---

① 任付新:《阿马蒂亚·森的贫困理论及其方法论启示》,《江汉学术》2018 年第 1 期。

我们就能按照一种不同的信息基础来更好地理解人类生活的贫困和自由"。

可行能力理论提出了传统福利经济学中所忽略的几个问题：一是人的差异；二是选择和实现的自由度。就后者来说，可行能力理论更加突出了理性主体的选择能力和实际机会。它没有仅仅局限于某个人是不是满意，或者某个人能够支配多少资源，而是直接关注某个人实际能够做什么或成为什么。可行能力作为一个人能够实现的各种功能活动的组合，反映个人在这些组合中进行选择的自由度，本质上代表了个人过某种生活的自由，反映了一个人在各种生活中进行选择的自由。如果假定每个人都在可行的各种活动组合中，按自己的标准选择最优组合，那么一个人的可行能力就可以通过他的实际选择而表现出来了。

刘晓靖（2011）认为，可行能力的优越性主要体现在两个方面：一是扩大了识别贫困的信息基础，从而"丰富对不平等和贫困的理解"；二是将关注的焦点由收入转向了可行能力，即由手段转向目的。这样就使人们对贫困的理解、识别更加全面深刻和准确。① 刘运亮（2013）认为，可行能力相比于传统福利经济学的创新点有评价信息标准选择的多元性、结果敏感向度的推理评价、行为者立场关联性考虑三个方面。②

收入和可行能力不是两个完全独立的、不产生交集的贫困衡量标准。任付新（2018）认为，收入和可行能力两种视角是相互联系的，因为收入是提高可行能力的重要手段，而提高可行能

① 刘晓靖：《阿马蒂亚·森以"权利"和"可行能力"看待贫困思想论析》，《郑州大学学报（哲学社会科学版）》2011 年第 1 期。

② 刘运亮：《阿玛蒂亚·森的贫困理论研究》，首都经济贸易大学 2013 年硕士学位论文。

力可以使人具有更高的生产力从而取得更高的收入。可行能力与收入之间的这种联系对于消除贫困来说是特别重要的,教育和医疗保健条件的提高不仅能够直接改善生活质量,而且能够提高获得收入并摆脱收入贫困的能力,并使那些本来会是穷人的人获得更好的摆脱贫困的机会。但他同时也指出,这种联系是不稳定的,受到多重因素的影响,主要表现在:人的年龄、性别和社会角色、所处地理环境,可行能力方面的缺陷(疾病、衰老等)会降低人们获取经济收入的能力,以及经济收入对可行能力的转化率;家庭内部的分配不均,使得根据收入去研究贫困变得更加复杂;社会环境不同。

三、可行能力理论面临的困难与不足之处

关于可行能力的不足之处,阿马蒂亚·森是这样论述的:如果一个观念本质上是模糊的,那么对它的精确概括必须尽量捕捉这种模糊性,而非错失这种模糊性。刘运亮(2013)认为,可行能力的不足之处在于可行能力清单确定与测度原则选择困难、可行能力与主观主义效用标准关系模糊。很多国内外学者都认为,对于可行能力的批评都指向了可行能力方法的模糊性。[1] 后续学者进行了有益的尝试,如阿尔基尔认为,应该从生活、知识、娱乐、审美、社交、理性和宗教 7 个维度进行考察,以评估可行能力状态;玛莎·C.纳斯鲍姆提出了完整的可行能力清单,认为包括生命、身体健康、身体完整、理智和思考、情感、理性实践、友好关系、其他物种、娱乐、控制环境十个维度的功能性活动。

---

[1] 刘运亮:《阿玛蒂亚·森的贫困理论研究》,首都经济贸易大学 2013 年硕士学位论文。

对于如何解决可行能力的模糊性,美国数控教授查德(Zadeh)提出的模糊数学方法为处理这一类问题提供了可行的思路,因而被大量采用。虽然学者也会加入结构方程模型等方法,对模糊评价方法做一些补充和改进,但是并没有太大的变换。此外,还有信息理论法、距离函数方法、多元统计等方法用来解决可行能力的模糊性问题。虽然学者在不断地进行尝试,但依然不能从根本上解决可行能力的模糊性问题。其原因在于:不同国家、不同地域、不同文化、不同人种等所体现出的可行能力的内容不一样。因此,关键是找准符合本国国情与实际的可行能力集,及其可行能力结构评价指标。

四、提高可行能力的途径

在界定了"可行能力"后,阿马蒂亚·森还对提高"可行能力"的途径进行了深入的研究。他认为:有五种基本的工具性自由能够帮助人们更自由地生活并提高人们的可行能力。第一,政治自由,包括人们有选举的权利、批评监督的权利以及政治表达的机会;第二,经济条件,即个人拥有的运用其经济资源的机会;第三,社会机会,即保障个体平等地享受教育、医疗等的社会公共服务以促进个体拥有平等的社会机会;第四,透明性保证,即满足人们对信息公开性的需要;第五,防护性保障,即建立社会安全网,为人们提供社会保护。① 一方面,这五种工具性自由本身具有建构性意义,即它们本身是发展过程中必不可少的组成部分,而不必通过它们对发展的基本特征(如国民生产总值增长或促进工业化)的间

---

① 皮天雷、刘垚森、吴鸿燕:《金融科技:内涵、逻辑与风险监管》,《财经科学》2018 年第9 期。

接贡献来体现其重要性;另一方面,五种工具性自由相互促进、相互补充,共同扩展人们的可行能力。[1]

五、可行能力的深入研究和应用实践

在国际上,用可行能力衡量贫困的第一次权威性实践是联合国发展计划署(UNDP)的"人类发展指数"(Human Development Index),随后在联合国人权报告和世界银行的年度发展报告中的广泛应用,使其在全球范围内具有较高的知名度和认可度。我国学者更侧重挖掘和解读阿马蒂亚·森的可行能力理论,如邵萍(2009)浅析了阿马蒂亚·森实质自由的内涵,从可行能力的自由观和自由发展观等方面展开研究,她认为自由与发展是密不可分的,自由是发展的目标和手段,发展的目的是扩展实质性自由,发展的过程离不开五种工具性自由,同时发展也为扩展自由提供很好的条件,政治自由促进经济条件的优化,经济条件的改善又推动政治自由的扩展。[2] 刘晓靖(2011)运用可行能力视角对贫困进行分析,将注意力从收入这种特定手段,转向了人们有理由追求的目的,转向了可以使这些目的得以实现的自由,从而加强了我们对贫困和剥夺的性质和原因的理解,使我们能够在更接近社会正义所要求的信息的层面来看待贫困和剥夺问题。[3] 姚进忠(2018)认为,可行能力立足于与传统福利研究理论的对话以及对其的批判,提出以"能力"取代传统福利的效用观,呈现基于自由的福利考察

---

[1] 岳映平、贺立龙:《精准扶贫的一个学术史注角:阿马蒂亚·森的贫困观》,《经济问题》2016年第12期。

[2] 邵萍:《浅析阿马蒂亚·森实质自由的内涵》,《法制与社会》2009年第5期。

[3] 刘晓靖:《阿马蒂亚·森以"权利"和"可行能力"看待贫困思想论析》,《郑州大学学报(哲学社会科学版)》2011年第1期。

视角,认为福利测量的基础是一个人选择有理由珍视生活的实质自由,为社会福利研究提供了新的视角。他从理论起点、内涵与演进等方面来研究可行能力。[1]

第三节　金融科技与可行能力的关系论述

我们大力发展金融科技的最终目标是为实体经济服务的,从金融深化论的相关理论看,发展金融能够推动经济发展。而从发展的本质来看,发展是为了实现全体人民的共同富裕,人人达到小康水平。2021年9月,国务院新闻办公室发布的《中国的全面小康》白皮书指出:"……中国的全面小康是物质文明、政治文明、精神文明、社会文明以及生态文明协调发展的小康……"

学术界关于金融科技的相关研究成果较多,主要聚焦于金融科技创新对各产业的影响方面,而关于其对农户可行能力影响的研究尚处于探索阶段,基本上是对其影响可行能力结构中某一方面或几方面的定性探讨,还缺乏实证研究得出的科学结论,如尹振涛、程雪军(2019)等认为,金融科技发展背景下极大地促进了消费金融领域的拓宽,为消费者存贷款等(金融资产)提供了极大便利,同时也带来了金融科技性风险等。[2] 巴赫蒂亚里(Bakhtiari,2006)、汤武(2020)等认为,金融科技所衍生的移动支付、小额信贷平台等将改变农户的生存条件,提高其吃穿住行等物质资源

---

① 姚进忠:《福利研究新视角:可行能力的理论起点、内涵与演进》,《国外社会科学》2018年第2期。

② 尹振涛、程雪军:《我国场景消费金融的风险防控研究》,《经济纵横》2019年第3期。

（或资产）方面的便利性和可得性。①② 杨蕾等（2019）认为，金融科技创新增强了农户的幸福感和获得感，对其精神资产具有积极作用；多家媒体报道金融科技对医疗服务的渗透，极大地方便了百姓生活，因此能够有效解决农民看病排队难、结算难等保障性资产方面的问题，等等。当然，也有人持怀疑态度，如其受众群体之一的农户，在面对新事物、新科技时，尤其涉及自身消费支出时，趋于谨慎或不信任，从而对金融科技所衍生领域的发展起到了一定的阻碍作用。③

小康理念与可行能力在观念上是一致的。金融科技发展的走向必须是为社会公众所服务的，不能违背人们的物质富足和精神享受的意愿。因此，可行能力是衡量金融科技发展趋向的标准，用可行能力作为金融科技风险防范的评价指标具有现实意义。

第四节　金融科技与扶贫（农户增收）关系研究综述

在金融科技时代到来之前，已经有不少学者从事金融扶贫的相关研究。有的学者从金融扶贫的现有政策角度出发，进行实证研究，注重解决现实问题。有的学者致力于分析解决金融扶贫过程中遇到的难题并提出针对性建议。

---

① Bakhtiari, "Micro-finance and Poverty Reduction (Some International Evidence)", *International Business & Economics Research Journal*, Vol.4, No.5, 2006, pp.1-7.
② 汤武、屈灿、柳漫利、黄姝铭、汪中青：《内地中小城市移动支付行为变化》，《中国金融》2020年第8期。
③ 傅康生、李兵、温泉、吴刘杰、袁白华：《移动支付在我省农村地区推广应用》，《江西农业》2019年第1期。

　　有学者从金融扶贫的现有政策角度进行研究。适应现阶段的脱贫需求,目前全国层面主要形成了扶贫贴息贷款、贫困村互助资金和扶贫小额信贷三类金融扶贫政策。最早实施的是1986年推行的扶贫贴息贷款政策。由于贴息贷款政策设计的可获得性差,国务院扶贫办和财政部借鉴孟加拉国的乡村银行模式,于2006年开始在14个省的28个贫困县试点贫困村互助资金政策,通过财政专项扶贫资金、村民缴纳互助金和社会捐赠资金共同成立互助资金社,以合作金融的形式向村内有融资需求的农户提供免抵押的有息贷款,支持其用于创收活动,并且互助资金只针对贫困村开展(汪三贵,2020)。截至2015年年底,全国超过2万个贫困村设立了互助资金组织,成为农村地区分布最广、影响最大的扶贫小额贷款政策。[1] 扶贫小额信贷政策是2014年建档立卡精准识别后提出的金融扶贫政策,只针对建档立卡贫困户,由商业银行为其提供3年以内、5万元以下、免抵押免担保的扶贫贷款,扶贫小额信贷政策较前两种金融扶贫政策瞄准精度更高,贷款额度也足以满足绝大多数贫困户发展产业的资金需求(汪三贵,2020)。不少学者认为金融扶贫目前仍然存在诸多缺陷,仍有很大进步和改良的空间。曾康霖(2007)指出了我国金融出现了支农能力弱化的趋势,他认为怎样增强金融对农业这个弱势行业或产业的扶持,是急需要解决的问题。[2] 许爱萍(2016)提出扶贫工作体系不健全、扶贫资金不足、产业化扶贫效果不佳、扶贫模式固化等问题是目前我国农村金融扶贫工作中的突出问题,

---

① 陈清华、张盼:《农户借贷需求的影响因素分析》,《农业科学研究》2017年第4期。
② 曾康霖:《再论扶贫性金融》,《金融研究》2007年第3期。

制约了扶贫效果。[①] 苏畅、苏细福(2016)指出,由于扶贫信息共享不完善、政策支持力度欠缺等诸多原因,导致金融扶贫存在许多难点,金融扶贫作用未能有效发挥。[②] 侯良丹(2020)认为,在金融精准扶贫过程中,各个银行也存在一些难点,包括资金风险大、资金退出时点难、精准识别难等,需要采取有针对性的措施加以解决。[③]

金融科技对农户增收方面的研究越来越多。如戴米尔(Ayse Demir,2019)认为,金融科技可以消除收入的不均等化,对于提高低收入群体金融可得性与增收具有重要推动作用。[④] 付强、杨勇(2020)分析了四川民族地区金融科技的扶贫情况,并认为"互联网+""电子商务""区块链"等都是金融科技扶贫的主要手段。[⑤] 刘心怡、金山、张伟(2020)采用面板回归和中介效应模型检验了金融科技对农村居民收入的增长效应,结果显示:金融科技对农民工资性收入、经营性收入和转移性收入均具有显著的促进作用,而对财产性收入(物质资产)促进作用不明显。[⑥] 杨蕾、高晓翠、刘再再(2019)认为,金融科技在支撑实业、助力农民脱贫致富等方面的作用逐日显现。[⑦] 刘玉春、修长柏(2013)认为,要加快农村金融

---

① 许爱萍:《农村金融精准扶贫的难点与对策分析》,《中国商论》2016年第11期。

② 苏畅、苏细福:《金融精准扶贫难点及对策研究》,《西南金融》2016年第4期。

③ 侯良丹:《关于金融精准扶贫难点及对策研究》,《商讯》2020年第18期。

④ Ayse Demir, "Fintech, Financial Inclusion, and Income Inequality: A Quantile Regression Approach", *The Singapore Economic Review*, Vol.63, No.1, 2019, pp.185–206.

⑤ 付强、杨勇:《四川民族地区经济社会发展与金融科技扶贫研究》,《西南民族大学学报(自然科学版)》2020年第2期。

⑥ 刘心怡、金山、张伟:《金融科技对农村居民的收入增长效应及其传导机制》,《财贸研究》2020年第8期。

⑦ 杨蕾、高晓翠、刘再再:《构建雄安新区乡村振兴金融科技创新路线图》,《银行家》2019年第11期。

市场建设,提高农村金融服务效率,通过金融与技术的有机结合来推动农民收入持续增长。① 也有学者提出了不同观点,如克拉克(Clarke,2009)认为,金融科技创新等金融产品对减缓贫困或增收存在不确定性,缺乏科学检验。②

第五节　可行能力与贫困关系研究综述

一、阿马蒂亚·森关于可行能力与贫困关系的论述

阿马蒂亚·森明确指出,他分析贫困、饥饿、饥荒所采用的方法是"权利方法"。权利方法"强调不同阶层的人们对粮食的支配和控制能力,这种能力表现为社会中的权利关系,而权利关系又决定于法律、经济、政治等的社会特征"。但他也同时指出,权利方法有三个方面缺陷:第一,权利不容易被具体界定。第二,关系所重视的是一个社会既定法律框架中的权利。然而,有些财产转移,比如掠夺和抢劫,会涉及对这些权利的侵犯。同时,从近期饥荒、饥饿发生的情况看,事实上,法律力量所维护的是违背饥饿者需求的所有权。第三,人们的实际食物消费水平低于他们的权利所允许的水平可能还有其他原因,权利分析方法中忽略了这些原因。所以,他又提出"以可行能力剥夺"来看待贫困。③

---

① 刘玉春、修长柏:《农村金融发展、农业科技进步与农民收入增长》,《农业技术经济》2013年第9期。

② Daniel Clarke,Sefan Dercon, "Insurance, Credit, and Safety Nets for the Poor in World of Risk", *DESA Working Paper*, No.81,2009,pp.1-11.

③ 刘晓靖:《阿马蒂亚·森以"权利'和"可行能力"看待贫困思想论析》,《郑州大学学报(哲学社会科学版)》2011年第1期。

　　将"可行能力"理念引入贫困分析,阿马蒂亚·森提出了"能力贫困"的概念。贫困的原因是人们的可行能力不足。在阿马蒂亚·森的论文《以自由看待发展》中进行了详细的论述,他认为贫困不仅是以工资等收入微薄为基本表现形式的经济贫困,还包括了基本可行能力的被剥夺或者缺失。或者说,是不具备正常生活的能力。他主张人们不能被表面的物质层次蒙蔽,提倡人人追求实质上的自由。能力方法"集中注意具有自身固有的重要性的剥夺"。阿马蒂亚·森的可行能力理论从哲学高度来界定贫困概念,超越了经济学、社会学、政治学等单一学科,构建了多维贫困的理论基础。[①] 从可行能力视角定义贫困催生了多维贫困理论,是阿马蒂亚·森为开创多维贫困理论打了头阵。往往研究可行能力视角下的贫困同时还会研究贫困测度。宋宪萍、张剑军(2010)认为,"能力贫困"理论的一大贡献是强调解决贫困的根本之道是提高个人的能力,而不是单纯靠政府的投入及发放失业救济。阿马蒂亚·森的能力贫困理论强调提高人的可行能力就会增强人的生产力和反贫困的能力,开创了贫困问题研究的新视角,拓展了贫困问题的研究方法,这对完善中国低保制度具有重要的理论和实践意义。应注重教育资源的合理配置,提升社会成员特别是弱势群体的可行能力、政府的公共政策应着重拓展社会成员的可行能力、确立就业优先发展的战略,提高社会成员的可行能力,在构建低保制度的过程中,应对社会排斥高度重视。[②]

---

　　① [印度]阿马蒂亚·森:《以自由看待发展》,任赜、于真译,中国人民大学出版社2002年版,第37—38页。

　　② 宋宪萍、张剑军:《基于能力贫困理论的反贫困对策构建》,《海南大学学报(人文社会科学版)》2010年第1期。

二、可行能力与中国农民贫困问题

由于中国的实际情况与西方发达国家有所不同,中国学者对可行能力的研究在时间上略微晚于国外的学者。中国学者在借鉴国外研究成果的基础上,对用可行能力衡量贫困的实践进行更加深入的探讨和研究,结合中国的特色,将可行能力准确应用在扶助农民上。

阿马蒂亚·森曾指出:个人的可行能力严重依赖于经济的、社会的、政治的安排。也就是说,提高个人的可行能力是国家、社会的责任所在。他同时指出,国家和社会在加强和保障人们的可行能力方面具有广泛重要的作用。这是一种支持性的作用,而不是提供制成品的作用。

高进云、乔荣锋等(2007)在阿马蒂亚·森的可行能力框架下讨论农地城市流转过程中农民的福利变化,提出构成农民福利的功能性活动和指标,使用模糊评判方法对农地城市流转前后的农民福利变化进行衡量。结果显示:农地城市流转导致农户总体福利水平略有下降。其中,从功能指标看,除居住条件有所改善外,农民的经济状况、社会保障、社区生活、环境、农民心理状况都有不同程度的恶化。[①] 刘运亮(2015)认为,中国农民的贫困包括基本生活状态贫困、教育医疗保健贫困、农民工身份地位贫困三个方面。这可以通过以下三个方面消除贫困:解决对策确立共享经济发展成果,重视农民可行能力的基本理念;消除由于身份歧视而导致的可行能力剥夺,提高农民就业方面的可行能力;建立农村基本社会保障体系,促进可行能力的培育与完善。岳映平、贺立龙

---

① 高进云、乔荣锋、张安录:《农地城市流转前后农户福利变化的模糊评价——基于森的可行能力理论》,《管理世界》2007年第6期。

（2016）结合阿马蒂亚·森的贫困观提炼了精准扶贫观点，为精准扶贫理论发展提供了宝贵的探究视角与思想素养。他们认为：能力贫困是一个比收入贫困更加精准的概念，能力贫困包括收入贫困，但比收入贫困更能反映和揭示贫困内在的本质特征，精准扶贫应该建立在贫困内生性概念——能力贫困概念之上。也就是说，精准扶贫应该以能力贫困为研究范式，而不仅仅是基于收入贫困。[①] 朱婉贞（2017）认为，可行能力方面的农村扶贫问题包括贫困识别过于单一、扶贫资源有限，难以实现异质性要求、无法实现长效脱贫、贫困对象参与不足，并从四个角度提出解决方案。以可行能力方法构建多维贫困识别入口、合理利用分配扶贫资源、构建扶贫长效机制、提高贫困对象的主动参与度。[②]

三、可行能力视角下中国精准脱贫的具体实践研究

在党中央的全面领导下，我国扶贫取得举世瞩目的成就，不仅使脱贫攻坚战取得决定性进展，实现 9899 万贫困人口绝对脱贫，贫困发生率从 10.2% 下降到 0.06% 以下，也使人民群众的生活水平得以不断改善、幸福指数节节攀升。[③] 习近平总书记提出的五个一批，即"发展生产脱贫一批、易地搬迁脱贫一批、生态补偿脱贫一批、发展教育脱贫一批、社会保障兜底一批"，这是对可行能力最直观的解读，它重视贫困的多维度，从多维贫困的视角进行可行能力的中国实践。我国也有许多学者将可行能力理论与我国具

---

① 岳映平、贺立龙：《精准扶贫的一个学术史注角：阿马蒂亚·森的贫困观》，《经济问题》2016 年第 12 期。

② 朱婉贞：《基于可行能力的农村扶贫问题研究》，《市场研究》2017 年第 9 期。

③ 王丛虎：《续写脱贫攻坚新篇章——解读十九大报告扶贫攻坚战略思想》，《源流》2017 年第 11 期。

体精准扶贫脱贫实践相联系,如岳映平、贺立龙(2016)做的实证研究,在贫困研究对象探究上,体现了从区域到人的微观化;在贫困本质与成因分析中,体现了从收入到能力的内生性;在贫困陷阱的破解路径上,注重权利与机会的创造。[①]　杨帆、章晓懿(2016)分析可行能力方法的理论特征,本书提出可行能力与精准扶贫在贫困识别、长效脱贫和脱贫成效评估三方面具有耦合性,是极具可操作性的指导精准扶贫实践的理论视角。结合拉美地区精准扶贫实践的经验和教训,本书从个体和家庭能力发展、因地因户施策、政策瞄准效果评估和专业扶贫队伍建设四方面,提出可行能力方法对我国精准扶贫政策的启示。[②]　郑瑞强(2016)认为,新时期精准扶贫政策的根本意蕴在于利用国家力量改变社会经济发展过程中的不公平和贫困群体发展的不可持续现象,并且在这个过程中切实发挥市场经济的选择和激励作用,改变了原来"贫困是经济问题的狭隘归类",强调"资源基础上的可行能力形成与提升"是行为主体发展水平出现差异的关键原因。[③]

[①]　岳映平、贺立龙:《精准扶贫的一个学术史注角:阿马蒂亚·森的贫困观》,《经济问题》2016年第12期。

[②]　杨帆、章晓懿:《可行能力方法视阈下的精准扶贫:国际实践及对本土政策的启示》,《上海交通大学学报(哲学社会科学版)》2016年第6期。

[③]　郑瑞强:《精准扶贫政策的理论预设、逻辑推理与推进机制优化》,《宁夏社会科学》2016年第4期。

第二章 我国金融科技发展现状分析

第一节 金融科技与科技金融的区别与联系

一、科技金融的相关综述

科技金融尚未形成统一的定义,最早出现科技金融模糊概念的是在 1912 年约瑟夫·熊彼特的书中,他在《经济发展理论》(*Theory of Economic Development*)一书中指出:科技创新并不是一个严格的概念,科学重在发现,技术重在发明,只有科学知识和技术发明被企业家转化为商业活动时,才称为创新。[①] 国际上目前有关技术与金融的最重要研究进展的当属金(King,1993)和莱文(Levine,1993)提出的具有典型代表性的观点,即经济实现增长的主要原因就是金融与科技的结合,揭示金融体系为技术创新活动提供的四种服务,即评估企业家、筹集资金、分散风险以及评估技术创新活动的预期收益。[②] 卡罗塔·佩

[①] 约瑟夫·熊彼特:《经济发展理论》(中译本),陕西师范大学出版社 2007 年版,第 79—80 页。

[②] King, R. G., Levine, J., " Finance, Entrepreneurship, and Growth: Theory and Evidence ", *Journal of Monetary Economics*, Vol.32, No.3, 1993, pp.513–541.

蕾丝在《技术革命与金融资本》一书中提出技术创新与金融资本的基本范式:新技术早期的崛起是一个爆炸性增长时期,会导致经济出现极大的动荡和不确定性。风险资本家为获取高额利润,迅速投资于新技术领域,继而产生金融资本与技术创新的高度耦合,从而出现技术创新的繁荣和金融资产的几何级数增长。[①] 国内系统研究科技金融的著作是赵昌文等于 2009 年出版的《科技金融》,书中对科技金融的定义为学术界广泛接受和沿用。他们认为,"科技金融是促进科技开发、成果转化和高新技术产业发展的一系列金融工具、金融制度、金融政策与金融服务的系统性、创新性安排,是由向科技与技术创新活动提供金融资源的政府、企业、市场、社会中介机构等各种主体及其在科技创新融资过程中的行业活动共同组成的一个体系,是国家科技创新体系和金融体系的重要组成部分"[②]。中国科学技术发展战略研究院房汉廷(2010)认为,一个比较完整的科技金融内涵,应该包括以下四方面内容:(1)科技金融是一种创新活动,即科学知识和技术发明被企业家转化为商业活动的融资行为总和;(2)科技金融是一种技术—经济范式,即技术革命是新经济模式的引擎,金融是新经济模式的燃料,两者合起来就是新经济模式的动力所在;(3)科技金融是一种科学技术资本化过程,即科学技术被金融资本孵化为一种财富创造工具的过程;(4)科技金融是一种金融资本有机构成提高的过程,即同质化的金融资本通过科学技术异质化的配置,获取高附加回报的过程。[③]

---

① 卡罗塔·佩蕾丝:《技术革命与金融资本》(中译本),中国人民大学出版社 2007 年版,第 15—16 页。

② 赵昌文、陈春发、唐英凯:《科技金融》,科学出版社 2009 年版,第 12—13 页。

③ 房汉廷:《关于科技金融理论、实践与政策的思考》,《中国科技论坛》2010 年第 11 期。

我国专家学者对科技金融的研究主要在社会主义市场经济建立以后。1993年,深圳市科技局在《科技金融携手合作扶持高新技术企业》中,"科技金融"一词在国内首次出现,即金融支持科技融入经济领域,推动科技与经济在更深层次上的结合,是全方位的社会系统工程,需要多部门相互配合。通过科技贷款工作中各环节的疏通,为科技界—金融界—经济界探索"三位一体"的经济开发态势开拓新的局面。[①] 同年7月,我国第一部科学技术基本法《中华人民共和国科学技术进步法》颁布实施,中国科技金融促进会应势成立了,标志着科技金融已经开始正式登上舞台。科技金融的概念首次真正被提出,是在1994年广西壮族自治区南宁市召开的中国科技金融促进会首届理事会上,大会认为"我国科技金融事业是根据科技进步与经济建设结合的需要,适应社会经济发展,在科技和金融体制改革的形势推动下成长发展起来的"。而后,随着法律和政策的完善,掀起了科技金融的热议浪潮。

二、金融科技和科技金融之间的联系

第一,金融科技的研究视角和科技金融的研究视角有许多共同之处,都研究了背景、起源、定义、性质、发展历程等,以及重点分析各自的发展现状和对传统金融机构带来的影响,研究如何利用其优势扶持中小微企业的实体经济发展需求。有的学者以特定区域为例做了实证研究,针对相关问题提出解决对策。

第二,金融科技和科技金融的最终落脚点都是做好金融服

---

① 丁革化:《科技金融携手合作扶持高新技术企业》,《特区经济》1992年第4期。

务,本质上都是为实体经济服务。有部分学者认为,应该构建好金融科技与科技金融相结合的生态圈。金融科技与科技金融的最终目标都是为实体经济服务,它们共处在一个发展的生态圈中,各要素间是相互联系彼此依存的,将科技金融、金融科技、经济发展进行串联研究,有利于寻找其共生发展的基础,从而为金融科技、科技金融、经济发展寻求新的路径。[①] 要构建"金融科技+科技金融"的融合发展模式,最终落脚点还是应该落到实体经济上。

三、金融科技和科技金融之间的区别

第一,金融科技和科技金融的研究内容以及研究程度有很大的区别。作为新兴领域的金融科技,其研究切入点有很多。截至2020 年 12 月 25 日,在知网上以金融科技为篇目进行检索,共查询到 13584 条结果,其中中文文献 11704 条结果、外文文献 1890 条结果,核心期刊 2087 条结果。以中国知网为例,搜索篇名科技金融,共查询到 2816 条结果,其中包括中文文献 2659 条结果、外文文献 3 条结果。对比而言,学术界对金融科技的关注度明显高于对科技金融的关注度。

大多数学者研究金融科技的概念、性质、兴起原因、应用场景和技术依据,有的侧重研究金融科技对金融稳定性的影响、传统机构和金融科技的竞争合作关系。有少数学者研究金融科技运用对金融功能的影响,也有不少学者研究金融监管体系的构建。相比于金融科技,科技金融大部分研究文献侧重于对科技金融的概念、

[①] 陆岷峰:《金融科技与科技金融:相互赋能与共生发展策略研究——基于科技、金融、经济生态圈视角》,《金融教育研究》2020 年第 1 期。

发展历程等基础知识的介绍;同时也有很多学者探讨科技金融的发展模式,有的学者研究科技创新和科技金融的耦合度,从实证研究的角度出发,研究科技金融的区域性发展指数测度,许多学者研究政府对科技金融的推动作用。

第二,两者的发展方向不同,发力主体也不相同。金融科技更加强调技术的进步,侧重的是企业的技术创新,而科技金融更强调的是科技和金融两大产业的结合感和共生性,侧重的是与政府的密切联动。政府采用直接资助、奖励、税收优惠、股权直接投资、政策性贷款等方式支持科技金融。① 科技金融是经济发展到一定水平之后,金融产业和科技产业相互支撑、相互促进的制度安排;而金融科技比互联网金融包含的商业模式更广,且比科技金融更强调技术对金融业的推动作用。②

从起源、定义、发展历程、研究程度、发展方向等方面来看,金融科技和科技金融都有极大的差异,两者最根本的区别在于科技金融的不可取代性。通俗地讲,金融科技的本质是科技企业在做金融,而科技金融的本质是金融企业在做科技。科技能够不断更新换代,而金融的固有属性不会发生改变。科技金融能够完全科技化,根植于科技当中,但是金融科技不能金融化,因为金融行业有严格的门槛限制。③

---

① 赵玲、战昱宁:《我国科技金融政府促进体系构建研究》,《科技和产业》2019 年第 10 期。

② 皮天雷、刘垚森、吴鸿燕:《金融科技:内涵、逻辑与风险监管》,《财经科学》2018 年第 9 期。

③ 陆岷峰:《金融科技与科技金融:相互赋能与共生发展策略研究——基于科技、金融、经济生态圈视角》,《金融教育研究》2020 年第 1 期。

第二节 我国金融科技的发展现状

我国金融科技总体发展态势良好,享受到金融科技带来的好处,搭上了金融科技新时代的"便车"。需要留意的是,虽然我国金融科技的总体发展态势良好,但在我国农村,金融科技发展程度与城市仍然存在较大的差距,不能忽视农村用户的"长尾效应"。中国目前正处在金融科技向高级迈进的关键时期,如何利用好现有技术条件来发展金融科技,使其加速进入金融科技新时代,值得我们探索和研究。从供给端现状、投资方现状、需求端现状来分析金融科技的发展现状。

一、供给端现状

近几年中国的金融科技发展迅猛,金融科技的交易仍然十分活跃,取得不错的成绩,中国企业亦继续位处亚太地区最大金融科技交易之列。中国金融科技公司在世界中的排名也有所提升。毕马威和金融科技投资公司 H2 联合发布《2019 全球金融科技 100 强》榜单中,来自中国的蚂蚁金服继续蝉联榜首、东南亚打车软件巨头 Grab 和京东数字科技位居第二、第三。度小满金融攀升至第六位,陆金所、金融壹账通、我来贷、众安保险等均在排名单上。相比 2018 年,蚂蚁金服排名第一、京东金融排名第二、陆金所排名第十,总本来看,中国的金融科技企业正在进步。

巴曙松(2017)认为,目前中国的金融科技活动,主要集中在五类机构六大业态。① 五类机构包括传统金融业、互联网机构、新兴互联网金融、通信机构和基础设施。六大业态包括互联网支付、网络借贷、众筹融资、互联网基金销售、互联网保险、互联网消费金融。科技金融公司参与到金融科技活动有自己独特的路径选择。以我国龙头互联网公司为例,阿里巴巴是电商场景,以支付宝为载体进入支付领域,通过海量数据延伸到信贷、征信、借贷和众筹。腾讯拥有社交场景,以微信红包为载体进入支付领域,由社交到微信支付和小程序支付,再到小额信贷、保险等领域。百度金融科技,应用搜索场景是人工智能分析和大数据分析等领域。

二、金融科技的投资方现状

中国金融科技企业有潜在的投资价值,深得全球投资人的喜爱,投资热度高涨,根据零壹研究院的数据,中国金融科技数量和规模在 2018 年度呈"喷泉式"增长,在 2018 年累计可达到 400 笔以上,金额累计破千万亿元,四个季度的融资金额分别为 372.45 亿元、397.37 亿元、524.71 亿元、194.90 亿元,业务发生数量分别为 126 笔、143 笔、145 笔、71 笔。其中值得注意的是蚂蚁金服,表现分外优异,在 2018 年第二季度实现"爆发式"融资。2018 年可谓金融科技的发展高峰。随后,2019 年中国金融科技的融资规模大约为 2018 年的一半,但是除了第四季度外,各个季度分布较为稳定,分别为 183.91 亿元、130.78 亿元、167.48 亿元、36.39 亿元,业务发生数量分别为 60 笔、60 笔、69 笔、47 笔。2020 年受新冠肺炎疫情的影响,中国金融科技的融资规模仍在持续递减,四个季度

---

① 巴曙松:《中国金融科技发展的现状与趋势》,《21 世纪经济报道》2017 年 1 月。

分别为 55.93 亿元、44.76 亿元、40.15 亿元、54.41 亿元,业务发生数量分别为 44 笔、32 笔、45 笔、54 笔(见图 2-1)

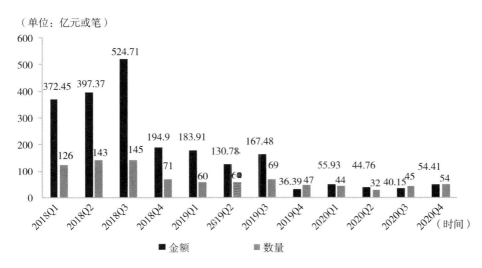

图 2-1 2018—2020 年中国金融科技融资规模

资料来源:零壹研究院数据中心。

从区块链、保险科技、支付技术、投资理财、贷款助贷和金融 IT 领域的融资情况来看:区块链领域无疑是最受关注的领域,融资金额超过 140 亿元,融资数量达到 158 笔,在 2018 年快速发展的除了区块链还有贷款服务,其融资金额超过 100 亿元,融资数量达到 66 笔。此外,保险科技的融资规模呈现增加的趋势,2018 年不足 20 亿元,2019 年和 2020 年均达到 40 亿元。其他领域的发展较为稳定,交易数量大多数在 20 笔左右,融资规模也在 20 亿元左右。

三、金融科技的需求端现状

我国消费者对金融科技的需求逐年攀升,但需求空间有待进一步提升。余丹丹(2019)从微观角度进行研究,她认为,网民基数正是我国金融科技需求不断攀升的主要原因之一。网民是对互联网了如指掌的新生代,他们凭借强大的购买力来拉动 GDP 增长,传统的网点服务无法满足新生代用户的即时性和多样性需求。消费信贷和线上支付深受年轻用户的青睐。根据《2019 年中国消费金融发展报告》,消费信贷余额达 9.92 亿元,40% 的成年人从来没有享受过消费信贷服务。可见,新兴金融科技的普及还是任重道远,我国仍然有很长的路要走。从宏观角度来看,消费者需求的转换会促进金融供给端的变革,改变经济发展方式,依靠内需促进经济高质量转变。金融科技是数字化经济转型的载体和动力。

第三节　我国金融科技支农现状与存在的主要问题

金融科技扶贫,扶贫是本质,金融科技是工具。金融科技是运用科学技术来促进金融创新,从而推动金融发展。其全新的技术打通了扶贫工作的道路:移动支付、网上银行、区块链分布技术等使金融服务能高效地到达所需家庭,使扶贫资金、扶贫贷款等每一笔资金都能直接快速地到位;数据挖掘、人像分析,使每一个贫困户都能被精准描绘。

我国的扶贫工作大部分集中于农村和山区,地方偏僻,交通不便,且群体分布零零散散,大量的人力成本和资金成本使金融机构向贫困地区输送金融服务成本非常大,金融服务成为贫困群体难以获得的"奢侈品"。金融科技因有新兴技术优势,可以冲破地域交通界限,将金融服务提供给需要的贫困群体。经过支付平台、网上银行等各种金融科技平台,贫困群体可以将金融机构变成金融终端,将高成本、难以获取的"奢侈服务"变成低成本、随时可得的金融服务。实现无论何时、无论何地都能满足金融需求,大量地提高了金融服务的覆盖面。

我国的农村征信体系发展不健全,担保机制不完善,扶贫过程中,贫困人群想获得贷款需要繁杂的手续,而且办理贷款流程复杂,周期长,需要层层审批,导致贫困户花费的时间和资金成本较高。此外,扶贫资金的发放需要经过各个部门层层操作,不但要投入大量的人力和物力,一旦存在中间部门错配、腐败问题,就会造成扶贫资金无法到位的困境。下放资金的中间成本和贫困户获得资金的成本过高,扶贫效果很难快速见效。而金融科技可以利用技术收集整合贫困户的生产状况和致贫原因等信息,通过大数据和区块链健全农村征信体系,为后续贫困户贷款工作提供重要参考,减轻贷款成本。区块链技术在发放扶贫资金的应用中也发挥了巨大的效能。扶贫资金的数额,流向全部透明,都可以在链上体现出来,可被跟踪控制且无法更改,能够有效地防范扶贫资金的交易风险,大幅度地提升了中间部门的操作效率。

过去,由于我国的贫困人数众多,在扶贫工作中,难以精准识别贫困户的生活特点和个性化的金融需求。金融机构只能通过扶贫部门给的贫困名单和扶贫计划来艰难地识别有金融需求的个体。这种方式不但效率低下,结果还可能出现偏差,无法有针对性地为贫困户提供服务。而金融科技通过大数据等手段,可以清晰地记录贫困户的收入、支出和需求等详细信息,画出贫困户的个性"画像"。基于整合的信用和风险信息,有针对性地向有需求的贫困户提供金融服务。此外,还可以根据各个个体的情况设计出符合其需求的金融产品,做到扶贫资金精准投放。

一、金融科技支农现状

随着人工智能、大数据、区块链的应用日渐广泛,打响脱贫攻坚战以来,金融科技扶贫捷报频传。通过技术与金融的结合,越来越多的个性化服务满足着特定人群的需求。

(一)加深基础设施建设,满足农户消费金融需求

在扶贫过程中,金融科技持续推动移动支付在农村的应用,建设支付设施基础,增加农村支付手段,满足农村消费需求。各大金融机构也在蓄力,大力发展手机银行、网上银行等网络业务,使农民足不出户就可以办理各类金融业务,为服务偏远地区和"长尾"人群打好基础,解决脱贫攻坚"最后一公里"的问题。蚂蚁金服、微信支付和翼支付等金融科技企业,运用移动终端,将农户与商户连接起来,网上购物、支付水电费、手机充值等消费活动,农户触碰手机平台就可以完成消费。据中国人民银行统计,截至2020年年末,我国农村网民规模达3.09亿元,占网民整体的31.3%,农村互联网普及率达到55.9%。截至2020年年初,农村地区手机银行开通数为8.61亿户,比上年增长了21.87%;网上银行开通数量为7.12亿户,比上年增长了16.37%;移动支付次数为100.58亿元,比上年增长了7.15%;网上支付次数为126.60亿次,比上年增长了24.02%。各地农村小摊、超市都出现了数字化的移动支付情景。

(二)增加扶贫资金供给,满足农户信贷需求

2018年,中国人民银行等部门印发的《关于金融支持深度贫困地区脱贫攻坚的意见》指出,要加大对贫困地区的扶贫贷款力度,满足贫困地区的贷款需求。为了加大扶贫力度,解决"三农"

问题,很多金融机构扩大了对贫困地区的资金投放,降低了农户融资成本。例如芝麻信用、京东白条等网络金融平台,利用大数据,整合农户个人资料、生产信息等,分析农户的生产经营情况和信用状况,破解信息不对称问题,不需要人工调查,也不需要抵押,大幅度降低了信贷成本。据中国人民银行资料显示,贫困地区支付服务村级行政区覆盖率达99.7%,全国已有1.9亿农户建立了信用档案。信用档案的建立为农村征信体系的建立打好了基础,为农户贷款提供了便利,为农村发展创造了稳定的借贷环境。据中国人民银行数据显示,从打响脱贫攻坚战到现在,累计发放扶贫小额信贷7100多亿元,发放扶贫再贷款6688亿元,发放金融精准扶贫贷款9.2万亿元,支持贫困人口达9000多万人次。

(三)拓宽产业扶贫渠道,满足农民创业需求

要实现"造血式"扶贫,就得发展农村产业,拓宽产业销售渠道,让农户"有地可种,有处可销",这也是乡村振兴中产业振兴的迫切需要。近些年来,国家一直在大力发展农村产业,但是,受新冠肺炎疫情的影响,农产品销售无门,大量的农产品滞销,造成积压。许多金融机构和企业利用金融科技的基础技术,构建出农村电子商务平台,创建了"农产品+农村电商"的销售新路径,以直播带货的形式促进农村产业的发展。阿里巴巴、京东、苏宁等电商巨头也纷纷下乡,给出各种惠农方式助销农产品。同时,国家也发出财政贴补政策,补贴资金推动农村电商的发展。电商平台的出现,改变了农村的产业模式,拓宽了农村产业渠道,带动了农村经济发展。2020年,我国农村电商市场规模达到了31533亿元,比2019年增长了37.7%;农村网络零售额为17900亿元,比2019年增长了5.3%。

二、金融科技支农存在的问题

虽然金融科技在扶贫过程中发挥了非常重要的作用,但是依然存在农村金融基础设施落后、金融风险难以管控、农村群体金融素养不足和农村金融科技人才缺乏等问题。

(一)农村金融科技基础设施落后

农村的金融科技基础建设仍然比较落后,一是偏远地区的 4G 网络还没有完全覆盖,5G 通信网络还正在研究之中,很多的相对贫困个体依然无法享受稳定的网络服务。二是在农村偏远地区的金融物理网点依然较少,大部分还是停留在覆盖乡镇层面,对于偏远山区,由于人口分散,没有建立物理网点,依然存在金融排斥现象,更不用提金融科技了。三是农村金融机构类型单一。由于相对贫困地区经济落后,金融需求不够,大多数农村只设立了村镇银行,金融机构设立种类单一,这对金融科技服务全覆盖会造成不利影响。四是"金融科技服务便民终端"等这些自助设备的功能还不太全面,不够有的放矢,缺乏针对农户特点的金融科技创新产品,难以满足部分村民尤其是有大额取款需求的村民,由于去乡镇的物理网点办理业务花费时间长,就造成村民不愿意主动去寻求金融服务。五是农村的征信体系建设仍然是个"短板",由于受到技术和人才的限制,对采集相对贫困户的家庭劳动力、劳动技能、家庭生产水平等影响征信的因素有非常大的制约影响。

(二)金融科技风险难以管控

由于金融科技还在发展过程中,对其潜在风险研究还不够,因此,传统的风险管控手段可能无法控制金融科技出现的风险。金融科技在扩大金融服务的范围、提高金融服务效率的同时,也可能会引发更高的风险性。首先,在扶贫过程中,一直在普及网上银行和手机支付,农户可能会因为对平台不熟练有操作不当引致财务风险问题的可能性,由于技术不过关或者管理不当,导致这种风险一旦发生,就很难得到解决。其次,由于农产品的收益受很多因素影响,如天气、环境等,造成农产品的收益亦具有不确定性,从而导致扶贫贷款不能如期偿还,有逾期风险。此外,扶贫贷款是免抵押发放的,一旦出现逾期贷款,通过将抵押物变现的传统方式难以收回贷款。而且扶贫贷款的获得者是贫困户,即使是逾期还贷,金融机构也很难想出解决方法,从而导致金融机构扶贫的积极性大大减少。最后,贫困户如果因为农产品收益不高或是创业失败,同时又面临着还款压力,很可能导致因贷返贫,扶贫工作功亏一篑。

(三)群体金融素养不足

金融科技的发展要求其用户具有较高的金融素养和技能素养,金融素养和技能素养不足会使金融科技扶贫的效果大打折扣。据中国人民银行资料显示,我国农村居民金融素养的平均指数为58,而全国整体消费者金融素养的平均指数为64,农村居民与城市居民有明显的差距。相比较而言,许多的相对贫困户文化水平不够,金融素养和技能素养不高,不会使用手机、电脑等智能工具,无法获得金融科技提供的便捷服务,从而影响金融科技扶贫的效率。同时,农村群体对贷款、理财和投资等金融业务的知识有限,甚至一无所知。手中有闲余资金的农户,总是倾向于将其储存起来。而在面对金融科技产品的开发推广时,不敢相信、不敢使用,拒绝情绪明显,导致金融科技业务开展困难。

（四）金融科技监管力度不够

农村金融科技在发展的同时，其风险也在不断增加，而金融监管部门对金融科技的精力投入不足，监管制度没有及时更新改革，农户发生交易的数据存在安全风险，各种"手续费""贷款担保费"层出不穷，骗贷、盗刷等行为屡见不鲜，大量的网络诈骗出现，一些唯利是图的不法分子利用监管的滞后性，用一些违法行为获取非法收益，这些不可避免地会导致农村用户利益的损失。此外，针对农村金融科技的法律法规还不完善，农村用户的利益一旦损失，就很难追回资金，无法保障农村用户的权益。

（五）金融科技人才缺乏

农村的金融科技发展离不开金融科技专业人才，而只懂金融科技不懂农业农村的人才无法解决农村金融问题，只懂农业农村不懂金融科技的人才无法触及金融科技领域，农村金融科技需要两者都了解的复合型人才。不仅是农村金融科技人才不足，当前我国金融行业的金融科技复合型人才也很缺乏，有调查显示，我国的金融科技人才缺口已经超出 150 万人。农村金融科技人才不足，使得开发适合农村贫困户的金融科技产品和服务受到很大的阻碍，同时会引发农村的金融科技服务和产品宣传不到位，农户难以理解金融科技产品，从而金融科技产品的使用遭到拒绝，最终导致金融科技扶贫难以取得预期的效果。

第三章　我国扶贫脱贫成效、经验与制约问题分析

第一节　我国扶贫脱贫成效分析

一、农户与贫困的概念界定

对农户贫困状态的分析,首先需要对农户的概念边界进行界定。关于农户的概念界定,学者有多方面的讨论。本书认为,农户是生活在农村地区,从事或兼业从事农业生产经营活动,经济生活和家庭关系密切结合的社会经济组织单位,尤其指在当前户籍制度下,具有农村户籍的,共同隶属于一个户口册的个体集合。

再者,关于贫困定义的理解。早期关于贫困的理解和测度多集中于绝对贫困上,不同的国家和地区根据不同的规则制定相应的贫困线,将低于贫困线以下的人群定义为贫困人群。用收入衡量贫困状态提供的信息有限,无法反映贫困的全部状态。① 随着

---

① 张子豪、谭燕芝:《认知能力、信贷与农户多维贫困》,《农业技术经济》2020 年第 8 期。

对贫困的不断认识,贫困的内涵边界也有了一定的扩充,阿马蒂亚·森的可行能力贫困理论认为贫困应该包括多个维度,需要体现以人为本的能力发展理念,进而指出多维贫困的概念。基于此,本书将考虑贫困的收入维度和个体的能力发展维度两方面内涵。

中国贫困重点在农村,扶贫工作目标实施者对象从个体层面来看是农户,深入了解农户需求,扶贫工作才能取得进展、有的放矢。关于农户的贫困状态主要从绝对贫困和相对贫困两方面来看,其中绝对贫困主要以生物学的方法进行界定,基于消费者角度,如果家庭收入无法满足基本的食物需要,基本生存受到威胁,则为绝对贫困。相对贫困是在关注物质的基础上开始关心情感的需要,更加注重关注贫困的本质和原因。相对贫困的代表人物之一为阿马蒂亚·森,他认为收入只是最基本的工具,生活质量的改善才是真正的目的,他认为贫困的真正原因是缺乏公平的社会分配权利。

二、我国扶贫脱贫成效

新中国成立初期,农村农民生活困苦不堪。改革开放以来,农村居民收入快速增长,贫困地区居民收入和消费都逐渐发生结构性的变革,居民收入实现快速增长,与全国平均收入水平差距逐步缩小,贫困人口发展能力也在不断提升。随着国家实施精准扶贫战略的不断推进,切实使众多生活特殊困难群众摆脱了贫困,感受了幸福,即使再有地域差异,最起码也是实现了"两不愁三保障":不愁吃、不愁穿,义务教育、基本医疗、住房安全有保障。总体来看,农户的贫困呈现人口明显减少,贫困发生率持续下降,居民收入较快增长,消费结构和生活状况进一步改善。

我国已于 2020 年 12 月底实现了全面脱贫,成效显著。为了使其成效更加充分地体现,本书以 2018 年阶段性成效为节点,进行中间成效分析,这样更能直观地反映我国扶贫脱贫的过程。

贫困群体中,老年和儿童贫困发生率仍旧相对较高,农村低教育水平者贫困发生率相对更高,健康程度差的群体贫困发生率更高,见表 3-1。2018 年贫困发生率在各年龄段的分布呈现"U"型分布,81 岁老人的贫困发生率高达 3.4%。从 2018 年国家统计局住户收支与生活状况调查数据可知,户主文盲群体中的贫困发生率为 6.5%,户主教育程度为高中及以上的群体中贫困发生率为 0.9%,随着户主受教育程度的提高,贫困发生率一定程度上有所下降。按照身体情况分为健康、基本健康、健康状况较差三类,居民身体健康情况与贫困情况呈现负相关,身体健康状况较差(包括身体不健康但生活能自理和生活不能自理两类)的人群贫困发生率(2.6%)比健康人群贫困发生率(1.6%)高 1 个百分点。

表 3-1　2018 年各年龄段贫困人口发生率　　　　(单位:%)

年龄	0—20 岁	21—4□ 岁	41—60 岁	61—80 岁	81 岁以上
贫困发生率	2.1	1.7	1.1	2.1	3.4

资料来源:国家统计局住户收支与生活状况调查。

贫困地区居民收入和消费情况。按照人均可支配收入分为工资性收入、经营净收入、财产净收入、转移净收入分,工资、转移支付两项收入占比持续提高。贫困地区工资性收入对增收的贡献较高,此项比例为 35.0%。经营性收入占人均可支配收入的 37.5%,其中,第一产业的净收入要继续高于第二、第三产业净收入。财产净收入所占人均可支配收入的比重最低,为 1.3%(见表 3-2)。

表3-2　2018年贫困地区农村常住居民收入情况

指标	水平（元）	构成（%）
人均可支配收入	10371	100.0
1. 工资性收入	3627	35.0
2. 经营性收入	3888	37.5
第一产业净收入	2794	26.9
第二、第三产业净收入	1094	10.6
3. 财产净收入	137	1.3
4. 转移净收入	2719	26.2

　　从消费情况来看，2018年贫困地区居民人均消费支出8956元，与2012年相比年均增长11.4%，2018年贫困地区农村居民人均消费指数是全国农村平均水平的73.9%。按照居民消费指数分为食品烟酒、衣着、居住、生活用品及服务、交通通信、教育文化娱乐、医疗保健、其他用品和服务八大类，可知居民的居住条件不断改善。居民恩格尔系数呈现下降趋势，人均消费支出中食品烟酒类消费支出的比重为31.4%，人均交通通信占比和医疗保健支出比重呈现增长趋势（见表3-3）。

表3-3　2018年贫困地区常住居民消费支出

指标	水平（元）	构成（%）
人均消费支出	8956	100.0
1. 食品烟酒	2808	31.4
2. 衣着	488	5.4
3. 居住	1995	22.3
4. 生活用品及服务	537	6.0
5. 交通通信	1045	11.7
6. 教育文化娱乐	1017	11.4
7. 医疗保健	919	10.3
8. 其他用品和服务	147	1.6

贫困地区农村基础设施和公共服务状况大幅改善。从全国来看,100%的贫困地区农村所在自然村已经通公路,自然村通电话的农户比重达99.9%,所在自然村能接收有线电视信号的农户比重为98.3%,所在自然村进村主干道路硬化的农户比重为98.3%,所在自然村能便利乘坐公共汽车的农户比重为71.6%,所在自然村通宽带的农户比重为94.4%,所在自然村垃圾能集中处理的农户比重为78.9%,所在自然村有卫生站的农户比重为93.2%,所在自然村上幼儿园便利的农户比重为87.1%,所在自然村上小学便利的农户比重为89.8%。

贫困地区居民生活条件不断改善。从居民居住条件数据可知,2018年居民钢筋混凝土和砖混材料结构住房的农户比重达71.2%,住房面积增加、住房质量改善,户均居住面积145.1平方米,居住竹草土坯房的农户比例为1.9%,较2017年差2.2个百分点。农户住宅外道路基本实现硬化,道路硬化为水泥、柏油、沙石或石板等硬质路面的比例达90.9%。90.3%地区的农户有安全的饮用水。随着厕所革命的进一步推广,42.1%的农户能够实现有水冲式卫生厕所,自然村主要道路有路灯的农户比例为65.4%。截至2018年年底,尚有28.4%的农户无洗澡设施,29.8%的农户炊用主要能源为柴草。2018年贫困地区农村卫生条件不断改善,93.2%的自然村拥有卫生站。

从耐用品消费情况来看,贫困地区农村每百户拥有汽车、洗衣机、电冰箱、移动电话、计算机数量呈现一定程度的增加。主要体现在家用汽车、摩托车、助力车等交通类耐用消费品较快增长,全国贫困地区每百户平均拥有汽车19.9辆。空调、热水器、排油烟机等家电拥有量也呈现增长趋势。洗衣机、电冰箱类居民使用较多,普及率分别高达 88.5% 和 95.9%。截至 2018 年年底,贫困地区每百户拥有电冰箱、洗衣机、彩电、移动电话分别为 87.1 台、86.9 台、106.6 台、257.8 部。

农户接受教育更为便利,但文盲率仍旧较高。从接受教育的便利程度看,随着乡村振兴工作的不断开展,农村贫困地区教育条件持续改善。85% 的农户在自然村能够非常便利地接受幼儿园、学前班、小学的教育。虽然受教育水平有了一定程度的提高,但农民受教育程度低、致富能力弱,长期以来农村地区经济发展落后,受教育的观念落后,导致我国农民整体受教育程度不高。过低的受教育程度使农民外出务工多以依靠体力获得收入。农民科技致富能力弱影响劳动生产率的提高。受教育水平限制,文化程度低的外出务工农民就业范围集中在建筑业、制造业、居民服务业等领域,工资增长缓慢且工作中有极大风险会遇到伤残等状况。由于部分农村地区农业现代化水平低,农业生产力水平和农业收入均较低,大量青年劳动力外出务工,造成老人、妇女、儿童留在农村,留守家庭生活较为困难。如表 3-4 所示,2018 年贫困地区劳动力受教育程度中未上过学的女性有 11.8%、男性有 3.9%,女性明显高于男性。高中及以上学历的人群中女性为 9.2%、男性为 15%,这进一步说明当前贫困地区对于女性的受教育重视程度要低于男性。

表 3-4 2018 年贫困地区农村劳动力文化程度分布

受教育程度	女性(%)	男性(%)
未上过学	11.8	3.9

续表

受教育程度	女性(%)	男性(%)
小学	38.4	32.1
初中	40.6	48.9
高中	6.1	11.1
大专及以上	3.1	3.9

从就业情况来看,2018 年贫困地区人口中,从业人员劳动力中 66.3%从事第一产业,13.8%从事第二产业,19.9%从事第三产业。第一产业的从业人口中女性从业劳动力更是高达 75.2%,男性从业劳动力为 58.7%,贫困地区从业劳动力中从事第一产业的就业率要远高于从事第二、第三产业的就业率。从一定程度上可以反映出,对于无技术的工人,适应能力相对较差,贫困的可能性和复发性较高。

风险冲击仍旧是造成农户贫困的重要因素。健康风险、市场风险、灾害风险、教育风险等不仅会直接对农户的生活福利造成影响,而且会间接影响农户后续的生产行为。

第二节　我国扶贫脱贫经验总结与分析

中国的减贫成就尤其值得关注,2018 年习近平总书记在打好精准脱贫攻坚战座谈会上提出:脱贫攻坚的目标就是要做到"两个确保":确保现行标准下的农村贫困人口全部脱贫,消除绝对贫困;确保贫困县全部"摘帽",解决区域性整体贫困。我国扶贫工作主要分为区域开发、扶贫攻坚、整村推进、精准扶贫四个阶段,从最开始的解决"吃、穿、住"最基本的生存要求扩展为"两不愁三保障",再到"六个精准""五个一批"①,中国将扶贫开发纳入国家发展战略。中国针对特定人群的专项扶贫行动,成效显著,一定程度上体现了中国政府的执行力和中国制度的优越性。中国创造了人类发展史上最伟大的减贫奇迹,研究总结并推广中国的减贫成就和经验教训具有十分重要的意义。

一、中国扶贫经验之一:改"供血"为"造血"

积极开展产业扶贫是我们国家扶贫工作的重点内容,产业兴旺是乡村振兴的第一抓手,同样也是精准扶贫较为有效的方式,以贫困地区资源禀赋为前提,市场需求为导向,产业发展为抓手,外部扶贫力量为依托,科学确定扶贫要素,有效投入技术、信息、土地、劳动力等要素进行产业培育发展。围绕贫困地区发展基本条件,选择符合本地发展的特色农业项目,因地制宜地发展种植业、养殖业和加工业,合理地开发矿业,有计划地进行能源建设,发展交通运输业、观光旅游产业,让贫困农民作为产业工人参与建设。积极培育新型经营主体,包括农业企业、种养大户、农业专业合作组织等,发展特色农产品加工业,延长产业链条,增加农产品附加值。积极进行农民培育工作,让农民参与到特色产业建设中,通过"公司+农户、公司+基地+农户"等多种形式让农民成为产业工人,增收致富。积极鼓励企业提供劳动机会,让农民通过劳动获取价值,如湖南省将所有建档立卡贫困劳

---

① 六个精准:扶贫对象精准、措施到户精准、项目安排精准、资金使用精准、因村派人精准、脱贫成效精准。五个一批:发展生产一批、异地搬迁一批、生态补偿一批、发展教育一批、社会保障兜底一批。

动力纳入工作范围。

二、中国扶贫经验之二:驻村干部精准扶贫

政府大力扶持是反贫困的关键。习近平总书记在 2015 年扶贫开发工作中就明确提出"因村派人精准"的要求,落实脱贫攻坚一把手负责制,省、市、县、乡、村五级书记一起抓。五级书记挂帅,第一书记驻村为特点的中国扶贫领导体制是一个巨大的中国经验,五级书记分别包括省委书记、市委书记、县委书记、乡镇党委书记、村党支部书记,其中最有特色的是向贫困村派驻第一书记。中国的贫困地区具有条件差、缺技术、缺人才的特点,贫困资源、工作、任务到村一级以后,更需要领导人才强有力的支持。单纯依靠市场的力量无法解决贫困问题,政府不仅要从经济的角度,更要从政治和社会发展的高度,统筹谋划、顶层设计,科学制定精准扶贫的时间表和路线图。驻村干部是最基层的农村干部,也是扶贫工作的中坚力量,帮扶农民发展致富产业,帮助解决群众的各方面困难。我国大量选派有能力的驻村干部,"第一书记"是脱贫攻坚的重要工作方式,截至 2018 年年底,共派出 45.9 万名第一书记,目前仍有 20.6 万人在岗,全面脱贫后习近平总书记又提出了维持原有扶贫政策力度不变的思想。驻村第一书记对国家的精准扶贫政策和相关支持文件的落实负责,并且能够充分发挥自身优势做好贫困地区和贫困人口的帮扶工作,从帮扶贫困地区农民能力提升入手,更好地做好精准扶贫工作,真正做到"扶贫要实事求是、因地制宜、分类指导、精准扶贫",不断提升村级扶贫工作组织的领导力,培养基层治理的后备人才。

三、中国扶贫经验之三：扶贫过程有标准

贫困的减少是社会个体的福利状况随着经济社会发展按照一定的标准而不断改善的过程。我国的农村贫困标准主要分为农村贫困标准、贫困识别标准和贫困退出评估标准三种。

我国的农村贫困标准实行动态调整，如表3-5所示，经历了三次变革，分为1978年标准、2008年标准、2010年标准，其中2010年标准，即现行农村贫困标准，于2011年确定。我国现有的贫困标准是执行2010年的贫困标准，此标准为2011年中央扶贫工作会议颁布《中国农村扶贫开发纲要（2011—2020年）》，为了让更多的贫困人口分享改革开放的成果，决定将扶贫标准确定为"农民年人均纯收入2300元"。贫困识别标准体现在对贫困人口的识别问题上，我国的贫困识别主要是建立建档立卡的贫困瞄准机制。2014年开展贫困户的普查，建立起建档立卡制度，这个制度动员了大量的行政力量，驻村干部、帮扶单位、行政村的干部、村民一起统计贫困人口。为了从实践层面识别贫困户，各地根据地方实际建立起"两不愁三保障"的客观、可操作性的贫困群体识别标准。在实际操作中，更是有扶贫干部将贫困的标准转化为"几看"：一看房；二看粮；三看劳动力强不强；四看家中有没有读书郎。贫困退出标准体现在贫困识别、精准实测和脱贫"摘帽"三个考核方面，国务院扶贫办制定一系列的严格流程，确保结果的可信度。退出标准不仅要高于国家农村贫困标准实现人均纯收入高于2300元，而且还要实现"两不愁三保障"的乡土方式的识别，体现了以穷人为中心，以贫困群体为中心。

表3-5　不同贫困标准下贫困人口情况

年份	1978 年标准		2008 年标准		2010 年标准	
	贫困人口（万人）	贫困发生率（%）	贫困人口（万人）	贫困发生率（%）	贫困人口（万人）	贫困发生率（%）
1978	25000	30.7	—	—	777039	97.5
1999	3412	3.7	—	—	—	—
2000	3209	3.5	9422	10.2	46224	49.8
2010	—	—	2688	2.8	16567	17.2
2018	—	—	—	—	1660	1.7

四、中国扶贫经验之四:创新"+扶贫"模式

三十多年的扶贫进程中,结合时代背景,各地进行了一系列的有益探索,积累了宝贵的"+扶贫"模式的经验,随时随地地"扶贫"。财政+扶贫:财政一般转移支付向贫困地区特别是深度贫困地区倾斜,并且稳步增加了财攻转向扶贫资金的投入力度。就业+扶贫:主要包括设置扶贫车间和设置公益性岗位两种形式,两种方式的共同特点是通过改变就业的生产空间布局,吸纳更多的贫困人口在家门口找到就业机会,如包括设置护林员、生态保护员等。对口帮扶+扶贫:本着"优势互补、互惠互利、长期合作、共同发展"的原则,扶贫工作中要求发达城市、发达地区与扶贫重点地区结对帮扶,提供包括经济技术、人才交流等方面的扶贫帮扶,截至 2016 年 11 月底,确定东部 249 个经济较发达县(市、区)与西部 354 个贫困县开展"携手奔小康"行动。移民搬迁+扶贫:易地扶贫搬迁是中国开发式扶贫的重要措施,通过政府合理的科学规划、规范管理解决农村贫困农户的基本生活与生产条件,稳定解决群众温饱的扶贫模式,我国部分贫困地区生产生活条件极其恶劣,仅通

过当前的扶贫模式,扶贫效果不显著,易地扶贫搬迁是破解"一方水土养不起一方人"摆脱贫困最有效的途径,通过易地扶贫搬迁金融债支持搬迁群众实现搬得出、稳得住、能脱贫的服务。"电商+扶贫":利用电子商务推动贫困地区的农产品上行销售,充分使小农户能够对接大市场,减少流通环节,实现农民的产业增效,再者,随着多个互联网平台的推广和在农村的普及,贫困户也有机会通过商品的选择来改善人民生活质量。

第三节 我国脱贫现状与制约问题分析

一、我国脱贫工作的现状

(一)扶贫工作的演变

1978年改革开放至今,我国的扶贫政策经历了四个演变阶段,包括区域开发阶段(1978—1985年)、扶贫攻坚阶段(1986—2000年)、整村推进阶段(2001—2012年)和精准扶贫阶段(2013—2020年)。每个扶贫发展阶段均面临不同的贫困形态,区域开发阶段我国表现为大面积的普遍贫困,扶贫攻坚阶段主要表现为农村地区的贫困,整村推进阶段表现为集中连片区域性的贫困,随着扶贫工作主要表现为特殊群体性贫困,我国的扶贫工作到了精准扶贫阶段。国家需要根据每个时期扶贫的特点制定扶贫政策目标,2010年前我国扶贫政策目标是解决以"吃、穿、住"为特征的基本生存需要,且一直保持"收入贫困"单一标准。2010—2020年,贫困的定义拓展为"不愁吃、不愁穿,义务教育、基本医疗、住房安全有保障"，即"两不愁三保障"。这体现了中国对贫困的衡量由收入贫困单一标准向多维贫困标准的转变。当前多维贫困和相对贫困将成为中国新的贫困存在形式。

(二)扶贫工作目标的实现

中国成为世界上减贫人口最多的国家，是第一个完成联合国千年发展目标减贫目标的发展中国家，对全球减贫贡献率超过70%，做到用世界9%的耕地养活了世界20%的人口。新中国成立70年来，国家出台了一系列的扶贫支持政策，中国已经在农村地区基本解决了农民温饱问题，农村贫困人口大幅减少，贫困群众生活质量大幅提高，已经进入全面建设小康社会新阶段。中国在经济快速增长和减少贫困方面取得了"史无前例的成就"(World Bank,2018)。中国政府在2015年提出了扶贫攻坚的目标任务，提出到2020年实现现行标准下贫困人口的全面脱贫，贫困县全面"摘帽"，解决区域性整体贫困。作为发展中国家，中国的减贫受到了社会各界的长期关注，成就瞩目。

1978年改革开放以来，中国经济高速发展，也已经实现了联合国千年发展目标中的减贫要求。自新中国成立70年以来，我国非常重视减贫扶贫工作，出台了一系列的文件和发展规划，特别是党的十八大以来，将扶贫工作纳入"五位一体"总布局，全面打响扶贫攻坚战。我们能看到不断强大起来的农业、富起来的农民和更加美丽的农村。2020年全国范围为实现绝对脱贫，贫困发生率小于0.3%，比2010年下降17.17个百分点。统计数据显示，2020年贫困人口数量比2010年贫困人口数量共减少1.6567亿人。贫困人口主要分布在中西部地区，其中西部地区主要包括内蒙古、广西、重庆、四川、贵州、西藏、陕西、甘肃、青海、宁夏、新疆、云南等省份;中部地区包括山西、吉林、黑龙江、安徽、江西、河南、湖北、湖南 8 个省份。

表3-6　2010—2020 年全国农村贫困人口规模

年份	2010	2011	2012	2013	2014	2015	2016	2017	2018	2019	2020
数量(万人)	16567	12238	9899	8249	7017	5575	4335	3046	1660	551	0
贫困人口发生率(%)	17.2	12.7	10.2	8.5	7.2	5.7	4.5	3.1	1.7	0.6	<0.3

　　2010—2020 年我国农村减贫人数分别为 4329 万人、2339 万人、1650 万人、1232 万人、1442 万人、1240 万人、1289 万人、1386 万人、1109 万人和 551 万人,历年的减贫人数幅度平均保持在 1600 万人以上。2020 年,按照每人每年 2300 元(2010 年不变价)的农村贫困标准计算,年末农村贫困人口为 0 人,比上年年末减少 551 万人;贫困发生率降至 0.3% 以下,比上年下降至少 0.3 个百分点。截至 2020 年年底,在现行标准下我国的贫困人口从 9899 万人减少到 0 人,贫困县数量从 832 个减少到 0 个,贫困村全部脱贫"摘帽",全年贫困地区农村居民人均可支配收入 12588 元,比上年增长 8.8%,扣除价格因素,实际增长 5.6%。① 在全党全国全社会共同努力下,我国脱贫攻坚取得了决定性成就,区域性整体贫困基本得到解决。2020 年 11 月 23 日,随着广西、四川、贵州、云南、甘肃、宁夏、新疆 7 个省份 52 个县脱贫"摘帽",我国已经实现了在现行标准下农村贫困人口的全面脱贫,解决了区域整体贫困的问题,实现全国 832 个国家贫困县全部脱贫"摘帽"(见表 3-8)。贫困群众收入水平大幅度提升,自主脱贫能力稳步提升,贫困群众

---

　　① 资料来源:国家统计局数据。

"两不愁"质量水平明显提升，"三保障"突出问题总体解决。贫困地区基本生产生活条件明显改善，群众出行难、用电难、上学难、看病难、通信难等长期没有解决的老大难问题普遍解决，义务教育、基本医疗、住房安全有了保障，见表3-7、表3-8、表3-9。

表3-7 2020年各省份减贫人口变化情况

地区	减贫人口（万人）	地区	减贫人口（万人）
河北	10	海南	—
山西	7	重庆	—
内蒙古	6	四川	25
吉林	2	贵州	46
黑龙江	3	云南	56
安徽	16	西藏	4
江西	11	陕西	14
河南	38	甘肃	41
湖北	14	青海	5
湖南	33	宁夏	3
广西	17	新疆	12

表3-8 2020年"摘帽"贫困县名单

省份	县域名单
广西	隆林县、融水县、罗城县、乐业县、那坡县、大化县、三江县、都安县
四川	美姑县、布拖县、昭觉县、金阳县、喜德县、越西县、普格县
贵州	紫云县、望谟县、从江县、晴隆县、沿河县、榕江县、赫章县、纳雍县、威宁县
云南	会泽县、镇雄县、宁蒗县、澜沧县、屏边县、广南县、泸水市、福贡县、兰坪县
甘肃	宕昌县、西和县、礼县、东乡县、临夏县、镇原县、通渭县、岷县
宁夏	西吉县
新疆	皮山县、洛浦县、策勒县、墨玉县、于田县、叶城县、伽师县、英吉沙县、莎车县、阿克陶县

表 3-9　我国各地现行标准下的脱贫时间

时间	地区
2019 年 12 月	西藏
2020 年 2 月	重庆
	黑龙江
	河南
	山西
	海南
	陕西
	湖南
	河北
2020 年 3 月	内蒙古
2020 年 4 月	吉林
	湖北
	江西
	安徽
	青海
2020 年 11 月	云南
	新疆
	四川
	宁夏
	广西
	甘肃
	贵州

二、我国脱贫工作的制约问题①

按照"十三五"扶贫规划,到 2020 年 3000 万左右贫困人口通过产业发展脱贫,2000 万贫困人口通过转移就业、异地搬迁、教育扶贫、健康扶贫、生态保护、财政兜底等途径脱贫,贫困人口全面脱

---

① 应习文、孔雯、龚道琳:《我国扶贫工作历程、国内外主要扶贫模式经验借鉴及金融扶贫的政策建议》,《开发性金融研究》2020 年第 1 期。

贫、贫困县全部"摘帽"。尽管成效显著,我国的扶贫攻坚任务依然严峻。[1] 扶贫脱贫不是短期任务,更是一项长期性的过程。

(一)产业发展仍旧薄弱

随着扶贫工作的开展,产业扶贫在全国各地开展。产业扶贫的开展存在同质化严重的倾向,部分地区在发展特色产业时存在盲目跟风现象。再者,产业层次低,发展后劲不足,生产的产品多为初级农产品,产品收入结构单一,抗风险能力弱。

(二)深度贫困地区脱贫任务艰巨

随着扶贫工作的不断深入,贫困人口分布越发分散,"真扶贫、扶真贫"难度加大。我国"三区三州"和中西部仍旧有多个贫困区,此类贫困区基础设施建设薄弱,电商发展缓慢,物流成本高,人口就业问题难,群众脱贫能力弱,且因病致贫、资本短缺致贫等返贫时有发生。贫困户的识别困难,扶贫工作需要对识别的贫困户进行帮扶,现有的扶贫识别通过建档立卡进行,但由于一些投机行为、民主评议的不合理等多种情况,一定程度上造成了精准扶贫的错误识别,不能有效做到"真扶贫、扶真贫",扶贫对象的精准选择是需要思考的问题。其次,贫困地区基础设施建设一直是我国扶贫工作的重要任务,我国的深度贫困地区面临的自然环境恶劣,真正实现地区公路、水利、电力工程的全面建设难度较大,深度贫困地区的居住条件和基础配套教育设施、医疗设施升级难度较大。

---

[1]　http://www.china.com.cn/opinion/think/2019-04/01/content_74633499.htm.

（三）脱贫工作缺乏可持续性，农户抗风险能力低

受制于农户自身能力的影响，使农户脱贫内生性的问题尚未解决。受教育水平有限，村民知识水平、技术水平导致其人力资本综合竞争力弱。再者，部分扶贫措施缺乏创新性，生搬硬套已有的扶贫模式和扶贫产业，并未结合本地市场特色和消费需求情况，使得引入扶贫的产业出现赢利下降甚至亏损。国务院扶贫办统计，截至 2015 年共有 838.5 万户家庭是因病致贫、因病返贫的，生活在贫困地区的农户由于不能更好地享受社会服务，更容易面临更多和程度更深的风险冲击，加之本身应对风险的能力较低，对农户而言，外部风险的冲击很容易处于贫困之中。

（四）贫困脆弱性强，返贫风险大

如何控制脱贫人口的返贫成为脱贫的关键。致贫的主要来源包括贫困的脆弱性，使具有脆弱性的群体难以抵挡各类灾害袭击的影响，包括因病致贫、重大事故风险致贫、教育致贫等原因，而陷于贫困之中。风险的出现致使本来不贫困的家庭陷入贫困，原本贫困的家庭贫困加剧。深度贫困县贫困人口中低保、"五保"贫困户占比高达近 60%，因病致贫、患慢性病、患大病、因残致贫占比达 80% 以上，60 岁以上贫困人口占比超过 45%。

（五）贫困人口脱贫内生动力不足

受制于长期以来封闭的生活环境和落后的受教育水平，贫困地区人口容易具有思想的滞后性，懒散懈怠的生活观念极易形成。部分地区缺乏主观能动性，甚至对扶贫脱贫不积极，习惯了"贫

困""等、靠、要"思想严重,脱贫的意志不够坚定,部分贫困家庭反而以自己为贫困户为荣。贫匮尤其是深度贫困地区有效激发群众的内生动力极为重要。

第四节　我国农户脱贫的心理需求分析

农户脱贫的心理在一定程度上体现着农户对美好生活的向往。本部分根据对农户脱贫的心理需求问卷数据获得当前农户脱贫微观数据进行分析。本书基于 665 份调查问卷调研我国农户当前脱贫的心理需求,发现当前农户最为了解的是产业扶贫,最希望政府能够通过扩大就业服务来实现扶贫工作,最希望金融机构能够通过简化审批流程实现助贫工作,最希望涉农企业能够在当地提供更多的就业机会,对于自我发展方面,希望获得更多的就业信息和就业技能方面的培训。

一、扶贫措施了解

随着扶贫工作的不断深入,扶贫模式不断创新,现有的扶贫措施主要有产业扶贫、教育扶贫、就业扶贫、社会保障扶贫、危房改造扶贫、临时救助、金融扶贫、科技扶贫、互助扶贫等形式。从农户对扶贫措施(多选,选填)的了解来看,665 份调查问卷中,共有 139 个农户回答此问题。其中 76 人(占比为 54.68%)表示比较熟悉产业扶贫,产业扶贫当前推广最为普遍;70 人(占比为 50.36%)比较了解危房改造扶贫,63 人(占比为 45.32%)比较了解就业扶贫,61 人(占比为 43.88%)比较了解社会保障扶贫;60 人(占比为

43.17%）比较了解教育扶贫。关于临时救助（34 人，占比为 24.46%）、金融扶贫（17 人，占比为 12.23%）、科技扶贫（16 人，占比为 11.51%）、互助扶贫（15 人，占比为 10.79%）的情况见表 3-10。

表 3-10　农户扶贫措施了解情况

选项	小计	选项	小计
产业扶贫	76	临时救助	34
教育扶贫	60	金融扶贫	17
就业扶贫	63	科技扶贫	16
社会保障扶贫	61	互助扶贫	15
危房改造扶贫	70	其他	19
本题有效填写人次		139	

二、对政府扶贫方面的期望

国家要提高全民素质，全面走向小康社会，必须大力支持扶贫工作。从农户对政府扶贫过程中的做法（多选，选填）方面来看，依次为（如表 3-11 所示）：扩大就业服务（71 人，占比为 51.08%）>提高教育资助额（55 人，占比为 39.57%）>深化产业帮扶（50 人，占比为 35.97%）>强化社会保障（47 人，占比为 33.81%）>细化种粮、农机直补（47 人，占比为 33.81%）>落实危房改造（35 人，占比为 25.18%）>强化科技下乡服务（35 人，占比为 25.18%）>完善资金救助（20 人，占比为 14.39%）>拓宽金融扶持（9 人，占比为 6.47%）。因此，从需求来看，扩大就业服务是农户当前最需要的方面，扩大就业服务能够充分调动农户的积极性，激发创新活力，壮大经济发展新动能。

表 3-11 农户对政府扶贫方面的期望

选项	小计	选项	小计
深化产业帮扶	50	细化种粮、农机直补	47
提高教育资助额	55	强化科技下乡服务	35
扩大就业服务	71	拓宽金融扶持	9
强化社会保障	47	完善资金救助	20
落实危房改造	35	其他	5
本题有效填写人次		139	

三、金融机构方面

党的十八大以来,中国人民银行、银保监会、证监会、国务院扶贫办等部门不断完善金融扶贫政策体系,通过加强宏观信贷政策指导,综合运用多种货币政策工具,调动全金融系统力量集中攻坚,引导金融机构将更多资源投向贫困地区,为打赢脱贫攻坚战提供有力支撑。当前存在的金融扶贫的主要方式为扶贫小额信贷、产业扶贫贷款、易地搬迁扶贫金融债、银行业金融机构扶贫、保险扶贫、资本市场扶贫等。139 份有效调查问卷数据显示,见表 3-12,金融机构在扶贫过程中能够起到一定的作用,但是 64.75% 的农户(90 人)认为,当前的金融机构扶贫审批过于复杂烦琐,希望简化审批流程,更希望金融机构能够出台流程明白纸。59.71% 的农户(83 人)认为,应当适当降低优质扶贫贷款利率,银行机构应当结合扶贫评估项目给予贷款优惠政策。此外,对于尝试能力信用无抵押小额贷款(55 人,占比为 39.57%)、强化金融产品宣传(44 人,占比为 31.65%)、金融科技产品创新(28 人,占比为 20.14%)、希望金融机构参股(15 人,占比为 10.79%)等,农户同样希望金融机构发挥更大的作用。

表 3-12　农户对金融机构的扶贫需求

选项	小计	选项	小计
简化审批流程	90	尝试能力信用无抵押小额贷款	55
强化金融产品宣传	44	金融科技产品创新	28
降低优质扶贫贷款利率	83	其他	18
希望金融机构参股	15		
本题有效填写人次		139	

四、涉农企业方面

对于涉农企业的需求,主要涉及提供更多的就业机会、展开订单农业、透明市场信息、落实工资福利待遇、技能技术培训等方面。涉农企业秉承"建一个基地、兴一方产业、富一方百姓"的宗旨在扶贫脱贫工作中发挥作用明显。涉农企业要思考如何以企业的优势,带动群众发展产业,带领群众脱贫致富,更好地体现企业应有的社会担当。提供更多的就业机会(101 人,72.66%)是农户对涉农企业的首要需求,企业可通过招工方式,协助村民拓宽结业渠道,帮助农民增加脱贫的渠道。46.04%(64 人)的农户希望企业能够提供技能技术培训,充分提高农民自身就业的能力。43.88%(61 人)的农户希望企业能够将扶贫工作落到实处,充分落实工资福利待遇。42.45%(59 人)的农户希望企业能够透明市场信息。38.85%(54 人)的农户希望企业可以结合当前农业产业发展形势开展订单农业(见表 3-13)。

表 3-13　农户对涉农企业的帮扶期望

选项	小计	选项	小计
提供更多的就业机会	101	落实工资福利待遇	61
展开订单农业	54	技能技术培训	64

续表

选项	小计	选项	小计
透明市场信息	59	其他	10
本题有效填写人次		139	

五、自我发展方面

发放的 665 份问卷中,32.48%(216 人)的农户表示出非常强的主动脱贫意愿,43.01%(286 人)的农户表示具有较强的脱贫意愿,仅有 1.2%(8 人)的农户表示出非常不强的脱贫意愿。由此可以看出,从思想意识层面看大部分农户具有脱贫的需求。从就业方面的信息获取渠道来看,非常不多和不多的总数为 176 人,较多和非常多的总数为 159 人,大部分的农民认为就业信息获取渠道一般。从获得技能培训方面的信息来看,非常不多、不多、一般的问卷合计数占总数的 79%,进一步说明当前农户获得技能培训的渠道较少,见表 3-14。

表 3-14　农户自我发展方面统计

题目/选项	非常不多	不多	一般	较多	非常多
你在就业方面的信息获取渠道多吗?	41 (6.17%)	135 (20.3%)	330 (49.62%)	123 (18.5%)	36 (5.41%)
你在技能培训方面的信息获取渠道多吗?	57 (8.57%)	155 (23.31%)	314 (47.22%)	108 (16.24%)	31 (4.66%)

第五节　巩固脱贫时期的发展趋势

后脱贫时期,解决相对贫困问题是扶贫的主要特点。新贫困标准的制定是 2020 年后扶贫战略需要考虑的首要问题,这不仅是贫困测量的重要基础,也是识别扶贫对象并制定相应扶贫政策的重要依据(王小林、冯贺霞,2020)。① 扶贫标准的改变根据国务院印发的《国家人口发展规划(2016—2030)》明确提出:"探索建立符合国情的贫困人口治理体系,推动扶贫开发由主要解决绝对贫困向缓解相对贫困转变,由主要解决农村贫困向统筹解决城乡贫困转变。"综合起来,贫困的基本特性为:第一,贫困是一个具有动态性和历史性的概念;第二,贫困是一个复合、相对、多维的概念;第三,贫困的核心是能力的欠缺性。

一、绝对贫困向相对贫困转换

2020 年后,我国的扶贫重点由消除绝对贫困向缓解发展不平衡、不充分的相对贫困转变。2019 年 10 月,党的十九届四中全会通过的《中共中央关于坚持和完善中国特色社会主义制度、推进国家治理体系和治理能力现代化若干重大问题的决定》,明确提出"坚决打赢脱贫攻坚战,巩固脱贫攻坚成果,建立解决相对贫困的长效机制"。党的十九届四中全会提出"建立解决相对贫困的长效机制",似乎要把扶贫攻坚的重心从针对绝对贫困转向针对相对贫困。现行贫困标准下绝对贫困问题的解决,不等于扶贫工作的终结,而是意味着新时代扶贫事业将从解决绝对贫困问题向缓解相对贫困状况转变(孙久文、夏添,2019;陈志刚等,2019)。2020 年实现"我国现行标准下农村贫困人口实现脱贫、贫困县全部摘帽、解决区域性整体贫困"的目标任务后,应当更进一步地推

---

① 王小林、冯贺霞:《2020 年后中国多维相对贫困标准:国际经验与政策取向》,《中国农村经济》2020 年第 3 期。

进脱贫,解决内源性贫困问题。

二、收入贫困向多维度贫困转变

后扶贫时期贫困内涵将更加丰富化,贫困的特性将更加具有动态性和历史性,是复合、相对、多维的概念,贫困的本质是能力的欠缺,具体包括教育贫困、健康贫困、住房贫困、水源贫困、能源贫困、卫生设施贫困、耐用消费品贫困、社会资源贫困、生活质量贫困(包括住房、饮水、生活燃料、卫生设施、生活用电、家庭资产)等多个方面。

阿马蒂亚·森(1999)区分了收入贫困与能力贫困在本质上的差异:收入只是实现一定生活水平的"手段",而改善了的生活状态才是人类发展的真正"目的"。对贫困问题的思考应当从满足基本需要的标准扩展到能力方法。在脱贫攻坚战中,教育、健康和保障扶贫对阻断贫困代际传递、促进贫困人口发展起到了至关重要的作用。2020年以后,中国进入缓解相对贫困阶段,将应对多方面发展的不平衡、不充分问题,采用多维相对贫困标准可以在继实现全面小康之后更加全面地向共同富裕目标迈进。王小林、冯贺霞(2020)提出了经济维度、社会发展维度、生态环境维度三个方面,其中经济维度涵盖增加收入和促进就业两个重要方面,就业考虑到扶贫是缓解相对贫困的重要方面;社会发展维度需要将教育、健康、社会保障、信息获得等多个方面考虑在内,尤其需要将数字经济和知识经济的普及作为一个重要的维度;生态环境方面需要将新发展理念、生态补偿脱贫考虑在内,将饮水、厕所、生活燃料、粪便处理、生活垃圾及污水处理等纳入人居环境指标。

三、原发贫困向二次贫困转变

原发性贫困是最初的、最早的贫困,次生性贫困则是二次生成的、派生的贫困(唐任伍,2020)。随着扶贫工作的深度开展,客观上逐步打破片区的整体性,扶贫对象更加关注深度贫困地区,现有贫困地区为较为分散的深度贫困地区或深度贫困县,精准扶贫工作需要落实到贫困户、贫困人。后扶贫时期的扶贫战略转向防贫和助贫的综合救助改革(李小云,2020),如对于易地搬迁集中安置的农民受到长期以来自身思想意识的影响,难以真正融入城镇,成为城市的新贫困者。再者,需要考虑将特殊困难群体列入扶贫对象中,包括城市贫困人口、老年人群贫困、残疾人群贫困、儿童贫困等多种。例如,随着城镇化的快速发展,劳动力大量转移到城市,随着城市化不断地吸纳农村人口,部分人口收入由于不稳定,形成了对流动人群的贫困治理真空。中国当前养老服务体制不健全,独居和空巢老人的医疗、生活基本服务缺失,这类空巢老人是2020年后期扶贫工作的重点。

四、贫困标准由静态向动态转变

贫困标准是测量个体或家庭是否贫困的基础,我国现有的贫困标准属于第一阶段脱贫攻坚以测量人均收入为衡量标准。2020年以后,可以在"两不愁三保障"的基础上,综合考虑人的基本需求和年度最低生活需要,科学合理确定社会公认的贫困标准的计算方法和与之相对应的价值量。

习近平总书记指出,脱贫既要看数量,更要看质量。要严把贫困退出关,严格执行退出的标准和程序,确保"脱真贫、真脱贫"。要把防止返贫摆在重要位置,适时组织对脱贫人口开展"回头看"。要探索建立稳定脱贫长效机制,强化产业扶贫,组织消费扶贫,加大培训力度,促进转移就业,让贫困群众有稳定的工作岗位。要做好易地扶贫搬迁后续帮扶。要加强扶贫同扶志扶智相结合,让脱贫具有可持续的内生动力。

在扶贫对象的精准选择时,第一,可建立多维贫困测量体系。转变以经济收入为单一指标的测量方法,将收入、消费等各个方面结合考虑,建立多维贫困人口识别与评判指标体系,从而减少因指标单一而遗漏的现象,同时避免因收入难以测度而导致的判断失误。此外,地方在采用多维贫困标准测度时,应有更加具体和严格的规定规范评选操作流程。第二,要注重规范评选操作流程,从宣传、申请、调查核实、民主评议、乡镇审核和公示等各个环节入手,严格规范评选流程,减少不必要的评选失误,力求有效提高扶贫对象选择的精准度。

五、扶贫项目由短期向可持续发展转变

发挥国家扶贫从"输血"到"造血"的能力。扶贫过程的第一步应当是强化农户家庭人才培养难的问题,通过强化义务教育、成人教育、技术培训等手段,从根本上强化农户的工作适应能力,"授之以鱼不如授之以渔"。坚持扶贫扶志,梳理贫困地区居民自我扶贫意识,改善"等、靠、要"错误观念。此外,扶贫项目的选择应与当地符合,避免盲目复制,应当根据当地气候、地理条件、市场前景等选择当地具有特色又有远期效益的产业。逐步完善资金渠道,建立地方扶贫基金,开展地方银行与扶贫工作的深度融合,通过小额信贷业务、扶贫再贷款业务等实施有效的"金融扶贫",实现农户的自我创收。

第四章 农村金融科技发展与农户可行能力结构测量指标体系构建

我国精准扶贫取得了显著成效,实现了现行标准下 9000 多万农村贫困人口全部脱贫的目标。从历史角度看,贫困又一直是一个持续的过程。脱贫"摘帽"不是终点,而是新生活的起点。后治贫时期,国家重点在于寻求持续脱贫的方略。随着互联网发展,大数据、区块链、云计算以及人工智能等技术的突破,金融与科技的结合更加紧密。我国金融科技相对其他国家起步较晚,但取得的成绩更加显著,金融科技风投机构毕马威联合发布的《2018 全球金融科技 100 强》榜单中,中国企业占据了 11 个席位,且前 10 名中,有 4 个来自中国。仅 2018 年中国金融科技市场规模已达 115 万亿元,2020 年将达到 157 万亿元。[①] 金融科技在中国发展势头迅猛,不仅仅体现在金融与科技市场的活跃,其衍生的移动支付、互联网银行、智能投顾、大数据征信等产业也越来越发挥作用,尤其是消费金融升级给各行各业带来了便利性。在"长尾理论"指导下,金融

---

① 资料来源:中国产业信息网公开数据,http://www.chyxx.com。

科技逐渐渗透到农业、农村和农民。涉农产业在其支持下能够快速获得资本金,从而创造更多就业机会,为社会提供更多货真价实、物美价廉的深加工农产品,农村基础设施建设步伐也将逐步提速,农户创业资本也能得到较好保障。随着金融科技社会化服务功能的深化,从理论上讲,金融机构的柜台智能化、网络化以及非金融小额信贷平台、互联网金融等金融科支产品产业的崛起必将逐步改变传统农户的小农思维,向着信息化、智能化、效率化、便捷化、效益化发展,从而对我国稳固脱贫成果具有重要作用。因此,构建农村金融科技发展指标体系、农户可行能力指标体系至关重要。

第一节　金融科技构成要素分析

一、金融科技概念与内涵

金融科技,英文为 FinTech,是"Financial Technology"的缩写,从字面意思理解,其是金融与科技的有机结合,但并不代表是它们之间的简单组合。21 世纪,随着科学技术的发展,其渗透于各行各业,以大数据、人工智能、区块链、AI 以及移动支付等为引领的新兴科技革命,正在不断地重构着金融等学科的概念、边界以及研究范式等。金融科技,因其对技术的依赖,其概念与内涵截至目前尚未收敛,不同的学者、不同国家的金融组织等对其定义也不同。

(一)不同学者对金融科技的理解

经查阅文献,最早直接使用"金融科技",即"Fintech"一词是美国花旗集团董事长约翰·里得(John Reed)在 20 世纪 90 年代初于

"Smart Card Forum"论坛上使用,起初这一词汇的简单概念主要是指金融与科技的有效重组和渗透;之后,学术界对"金融科技"一词展开了不同层面的认知探索。如金、莱尔文(King R.G.,Levine R.,1993)通过实证数据认为技术进步推动下的金融创新能够有效地推动经济发展。[1] 阿尼尔、巴贝瑞斯、巴克雷(Arner D.W.,Barberis J.N.,Buckley R.P.,2015)认为,金融科技是指有效嵌入新技术的一套金融解决方案,更加强调金融服务与信息技术的融合作用。[2] 帕斯克曼(Puschman T.,2017)认为,金融科技本质上属于借助科技手段进行金融创新的范畴。[3] Ma Y.,Liu D.(2017)认为,金融科技属于技术范畴,其影响金融服务与交易效率。[4] 皮天雷、刘垚森、吴鸿燕(2018)认为,金融科技是一种以新兴技术为后端支撑的金融创新,对金融业起到了革新作用。[5] 申晨、李仁真(2021)认为,金融科技涵盖电子支付、智能投顾、数字货币、消费金融等领域,且一直在持续推出新产品、服务和商业模式,创造了可观的金融红利。[6]

综上所述,国内外学者基本一致认为金融科技的发展是以新兴技术为纽带的,包括信息技术、互联网发展水平、大数据、移动支付、区块链等内容,它实际上是一种金融创新,其载体是科技手段。

---

[1] King R.G.,Levine R.,"Finance and Growth:Schumpeter Might Be Right",*Quarterly Journal of Economics*,Vol.108,No.3,1993,pp.717-737.

[2] Arner D.W.,Barberis J.N.,Buckley R.P.,"The Evolution of Fintech:A New Post-Crisis Paradigm?",*Social Science Electronic Publishing*,Vol.47,No.4,2015,pp.1271-1319.

[3] Puschman T.,"Fintech",*Business and Information Systems Engineering*,Vol.59,No.1,2017,pp.69-76.

[4] Ma Y.,Liu D.,"Introduction to the Special Issue on Crowd Funding and Fintech",*Financial Innovation*,Vol.3,No.1,2017,p.8.

[5] 皮天雷、刘垚森、吴鸿燕:《金融科技:内涵、逻辑与风险监管》,《财经科学》2018年第9期。

[6] 申晨、李仁真:《金融科技的消费者中心原则:动因、理论及建构》,《消费经济》2021年第37期。

因此,从上述学者的认知来看,金融科技的内涵是随着科技发展水平而定的,具有技术演进性。

(二)不同金融机构或组织对金融科技的理解

不同金融机构或组织对金融科技进行了有差异性的定义,如德意志银行(Deutsche Band,DB,2014)指出,金融科技是金融部门数字化过程中所凝练出来的一个学术术语,其表现在金融领域广泛地植入互联网技术,从而形成一个系统集合。[1] 英国金融行为监管局(Financial Condact Authority,FCA,2015)认为,金融科技实质是对金融服务业务"去中心化"的一种形式。[2] 金融稳定理事会(Financial Stability Council,FSC,2016)和德意志银行的观点相类似,将金融科技视为技术支撑的金融创新活动。[3] 新加坡金融管理局(Monetary Authority of Singapore,MAS,2016)认为,金融科技就是基于科技手段设计金融服务及产品。[4] 美国国家经济委员会(National Economic Commission,NEC,2017)认为,金融科技是一种技术创新服务。[5] 国际证监会组织(International Organization of Securities Commissions,IOSCO,2017)认为,金融科技将对金融业产生颠覆性影响,并改变管理模式和运营模式等。[6]

---

[1] 程斌琪:《金融科技对金融服务贸易自由化的影响研究》,对外经济贸易大学 2019 年博士学位论文。

[2] FCA,"Regulatory Sandbox",*Financial Conduct Authority*,2015.

[3] FSC,"Fintech:Describing the Landscape and a Framework for Analysis",*Financial Stability Board*,2016.

[4] MAS,"Consultation Paper on Fintech Regulatory Sandbox Guidelines",*Monetary Authority of Singapore*,2016.

[5] NEC,"A Framework for Fintech",*National Economic Council*,2017.

[6] IOSCO," Research Report on Financial Technologies ",*International Organization of Securities Commissions*,2017.

综上所述,各国金融机构或组织将金融科技或理解为一种技术创新,或理解为一种金融创新,但不管侧重点如何,其纽带或核心依然是技术创新。

二、农村金融科技发展构成要素

综合不同学者和金融机构或组织对金融科技的认知,本书认为,金融科技是指在互联网高度发展背景下,在人工智能、区块链、云计算、大数据、移动支付等技术支撑下,金融业在储蓄、贷款、产品衍生以及移动支付带动下的线上业务等方面展开的一系列创新活动,其目的在于提高经济效率和风险识别效率,且金融科技具有很强的场景效应,即不同的产业其发展情况不同。

课题组在前期调研过程中发现:主要用于扶贫的农商行,其与国有商业银行或股份制银行相比,自身的金融科技业务发展还相对落后,这与其自身资金实力、科技基础、人员素质及网点环境是密切相关的。金融科技在扶贫过程中,其主要面向农民这一“长尾”客户,而农户自身特征也决定了其对新事物或新技术的接受度较低。因此,金融科技扶贫不能“一刀切”,应该根据农民的知识水平、行为习惯、个体特征、身体状况等因素展开深入且有效的金融科技服务。农户绝大多数知识水平有限,常年外出打工或农田劳作,形成了其根深蒂固的线下交易习惯,这也是农户的主流思想意识,因此,在金融科技支农过程中,扎根于乡镇的农商行不应跟随潮流,应脚踏实地从主流农户需求出发发展金融科技,因此在物理网点的储蓄和贷款两大基本业务层面应积极加入科技因素,如柜台的科技化、ATM 的科技化、智能一体机的科技化等,当然应配备专门人员进行操作示范,积极推广,形成良好的实践效应;大多数农户具有发家致富的动力，囿于缺乏启动资金，加之天灾人祸，使其部分人群陷入贫困深渊，国家精准扶贫启动了小额信贷业务，为农户带来了福音，如果能够进一步简化流程，缩短获得资金的期限，必将大大提升农户经营效率，这也是银行与科技公司联手共同推出线上业务的初衷，因此金融科技产品的创新与普及、移动支付的科技普及对广大创业农户具有积极作用；同时，农户中老年人行动不便，子女外出打工，有的甚至没有移动手机，即使有手机的大部分也为老年机（3G 水平），即推广终端无法实现服务接洽，高端金融科技产品推广受阻，因此针对这一群体，有效创新金融科技产品才是正确的方向，如农商银行可实施金融业务特派员制度，即为特殊群体提供上门服务业务，针对性地推出便携式 STM（Smart Teller Machine），引入人脸识别、电子凭证等高新技术，办理存折、贷款以及生活服务等业务，打造"有温度的银行"。因此，结合农村实际需求的农村金融科技产品创新是乡村振兴的重点。

结合农户实际情况，本书认为可以从四个方面考察农村金融科技发展，即储蓄科技化普及、金融科技产品普及、贷款方式科技化普及和支付方式科技化普及。

第二节　农村金融科技发展测量指标体系构建

通过上述分析，在测量农村金融科技发展时，应侧重储蓄科技化普及、金融科技产品普及、贷款方式科技化普及和移动支付方式科技化普及四个方面，具体二级指标详见下文阐述。

一、储蓄科技化普及程度指标

在测量储蓄科技化普及程度时,应主要对农户的储蓄习惯进行控制,因为农户的存储习惯不一样,其对金融科技的利用效率具有显著差异性。[①] 从前期调研来看,农户储蓄主流依然以物理网点为主,即农户更倾向于到指定银行或金融机构从事储蓄的一系列活动,因此柜台智能化、ATM(Automatic Teller Machine)等是重要的考量指标,同时柜台方式可以很好地对接银行和客户,能够较好地传递线上业务,推广金融科技平台,因此,网上银行开展情况也是重要的考量指标。综合来看,在考量农村银行等金融机构储蓄科技化水平时,应重点考察柜台智能化水平、ATM 先进水平或方便程度、网上银行开展程度三个方面。

二、金融科技产品普及程度指标

根据团队前期调研,农村金融科技产品的普及化率很低,主要是因为农户的接受性较低,因此,金融科技产品更多的是以金融科技平台形式出现在农村年轻人群体中,如余额宝等产品,与消费金融密切相关。因此,在测量农村金融科技产品普及化程度时,应重点展现对上述平台的消费认知。基于此,本书借助消费者行为理论,将其指标设定为三项,即对余额宝等平台的了解程度、是否使用、是否重复使用。农户的知识水平有限,在具体设计问卷时应该设计场景,直观可见、通俗易懂,不应过度学术化。

三、贷款方式科技化普及程度指标

贷款方式的科技化主要体现在与传统的物理网点办理业务的

---

① 汇洪:《农村金融科技要切合农民实际》,《中国审计报》2019 年 8 月 26 日。

差异,对于银行而言,主要集中体现于网上银行业务开展的水平;同时随着消费金融在农村的快速崛起,给农民尤其是知识青年带来了消费便利,因此调查其对花呗等平台的使用情况能够反映农村的贷款科技化水平。

四、移动支付方式科技化普及水平

在我国,以支付宝和微信为"领头雁"的移动支付遍布全国,已经渗透到农村,然而依然有一部分群体,大多为 60 岁以上老年人,还选择传统的货币交换形式。因此,其指标可直接设为支付方式选择倾向。

综上所述,具体指标体系如表 4-1 所示。

表 4-1　农村金融科技发展指标体系一览表

一级指标	二级指标	三级指标
农村金融科技发展	储蓄科技化普及程度	储蓄习惯(控制变量)
		柜台智能化
		ATM 便利程度
		网上银行开展程度
	金融科技产品普及程度	余额宝等平台的了解程度
		余额宝等平台的使用情况
		余额宝等平台的重复使用情况
	贷款方式科技化普及程度	网上银行开展情况
		花呗等平台的使用情况
	支付方式科技化普及程度	支付方式选择倾向

第三节 我国农户可行能力结构剖析与选择

从课题组掌握的材料来看,自从诺贝尔经济学奖得主阿马蒂亚·森提出可行能力理论以来,后续学者陆续对该理论进行了有益的尝试和剖析,但目前学术界关于可行能力集(结构组成)的认知尚未收敛,不同的学者有不同的认知,但有一点基本得到了认可,正如阿马蒂亚·森本人在《贫穷和饥荒》(1981)这本书中所阐释的,不同的国家具有不同的环境,因此可行能力分析框架具有异质性。

一、阿马蒂亚·森可行能力结构与我国农户能力实际的匹配

20世纪70年代经济合作与发展组织通过对成员进行大范围的调研后提出了一个被国际广泛运用的贫困认定标准,即将一个地区的收入均值或中位数作为贫困线,这种衡量方法对社会救助标准较高的发达国家比较适用,对于中等收入国家和低收入国家虽然不能照葫芦画瓢,但也可以参考这种收入比例法的贫困标准划定方式来制定符合国情的贫困标准。我国进一步将脱贫的标准拓宽为"两不愁三保障",是一套有效的"以解决基本生存问题为核心"的绝对贫困衡量标准①,然而,在绝对贫困消除之后,扶贫成果的巩固和完善,需要从生存所需的固定资产、工作技能、学习能力、精神状态、社会地位等维度出发去提升贫困者的内生发展能

---

① 叶兴庆、殷浩栋:《从消除绝对贫困到缓解相对贫困:中国减贫历程与2020年后的减贫战略》,《改革》2019年第12期。

力。印度经济学家阿马蒂亚·森的可行能力理论就对贫困和发展有很多论述,可行能力是人们选择各种功能性活动的自由,而贫困人口脱贫困难是因为可行能力不足,如果不能从根源上弥补贫困者可行能力不足的问题,那么贫困者就极易陷入脱贫和返贫的循环之中(见图4-1)。阿马蒂亚·森还提出了经济条件、社会机会、透明性保障、政治自由、防护性保障这五种工具性自由①用于证明自由是促进发展的有效手段,它们能从不同方面提升个人的可行能力,基于这个角度,我国在扶贫成果巩固过程中,贫困者的可行能力不足主要体现在以下四个方面,其中作为社会主义国家,我国宪法规定了公民的政治自由,因此该因素不在此进行探讨。

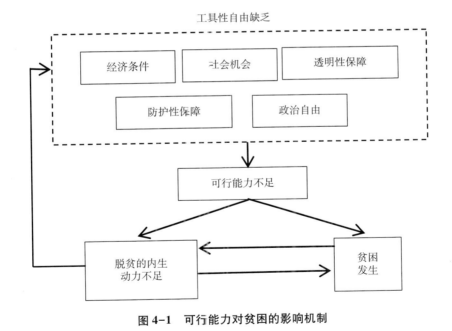

图4-1　可行能力对贫困的影响机制

———————

① ［印度］阿马蒂亚·森:《以自由看待发展》,任赜、于真译,中国人民大学出版社2002年版,第37—41页。

（一）经济条件相对缺乏

根据阿马蒂亚·森理论，经济条件是指个人分别享有的为了消费、生产、交换的目的运用其经济资源的机会。经济资源主要包括土地资源、劳动力资源、自然资源、金融资源、生产工具等。土地资源是农村地区的相对贫困群体最主要的经济资源，他们通过在土地上耕作获取劳动成果以达到养家糊口的目的，然而这些地区往往面临着土地面积不足、土壤肥力差、灌溉不方便、位置比较偏远等问题，让贫困居民难以实现生产的自由；矿产资源、林业资源等自然资源能带动一个地区的工业发展，让当地的产业结构更完善。然而贫困地区往往自然资源不足或者是自然资源开发难度非常高，发展空间被极大地压缩；生产工具对生产效率的提升有基础性的作用，能提高农业的产出效率，还能在一定程度上提高产品的质量，所以我国大力推进农业机械化，2019年农作物耕种综合机械化水平超过70%，相比2008年增加了超过30个百分点。[①] 但对于贫困地区的居民而言，很多大中型农用机械租用成本较高、地理环境限制过大，小微型农机购买价格过高、操作复杂、维修不便，因此生产工具还是比较传统的非机械化农具；金融资源是贫困地区最缺乏的经济资源，深入乡镇地区开设网点的金融机构目前只有银行和信用社，主要经办存款、贷款、代销保险和理财产品等少量业务，反映到农户身上，主要是其银行存贷款情况、借款情况、理财情况等方面。贫困者相较于绝对贫困状态，其资产保有量已经有了一定幅度的提升，但可以用作抵押的优良资产不足，政策性以外

---

① 资料来源：中华人民共和国农业农村部发展规划司。

的贷款获取难度较高。另外，收入主要依靠种植和养殖，受气候变化和市场价格波动影响较大，收入来源不稳定，获得信用贷款难度高、额度低。

（二）社会机会质量相对不足

根据阿马蒂亚·森理论，社会机会是指在医疗保健、基础教育、基本养老服务、公平的就业等方面的实际安排，能直接影响公民的实质性自由。基础教育方面，2006 年国家在全国范围内推行免费九年义务制教育，让孩子们能得到基础教育。对于能在高校就读的贫困生，有国家助学贷款、生源地助学贷款、国家励志奖学金、勤工俭学等资助活动可以减轻学费的压力。但是也要看到教育资源分布是不均衡的，教育资源主要集中在市区和县城区域，而较偏远的相对贫困地区师资力量不足、硬件设备缺乏、教育理念落后，导致基础教育质量偏低；医疗保健方面，问题主要集中在村镇地区卫生院数量不足和医生诊疗设备不足等方面；养老服务方面，在扶贫过程中不少贫困地区建设了养老院以安置孤寡老人，但是存在养老院专业服务人员缺失、配套设施不足等问题；就业方面，广大农村地区因为拥有土地基本不存在失业问题，不过，居民受自身技能缺失、文化程度不高和当地产业基础薄弱、服务业层次低等因素的影响，除了务农之外其他就业机会比较少。因此，贫困居民的社会机会不高。

（三）透明性保证不够完善

根据阿马蒂亚·森理论，透明性保障是人们在经济活动和社会关系中的公开性的需要，能让人们在信息公开、透明的状态下生存和发展,是促进社会信用发展和人们社会交往活动正常进行的重要功能。贫困地区的透明性保证主要由政府信息、市场信息和社会信息这三个方面的透明性来反映。贫困群体对政府部门信息公开性比较重视,政府对本地区居民的各种政策对本地区的发展有重要的指引作用,透明性保证比较好的地区,人们能够及时地了解本地区的发展政策信息,从而调整自己未来一段时间的生产、投资和消费计划;贫困地区的居民最缺乏的就是对市场信息的了解,在我国有很多在丰收季低价抛售瓜果蔬菜或者是直接让这些作物烂在地里的案例出现,很大程度上就是由于价格信息和供求信息公开不充分造成的。缺乏信息的贫困居民在看到个别种类的作物价格上涨后跟风,用自己大部分的生产资料和资本去生产这种高价格的作物,进而在几年后出现市场饱和,承受价格暴跌的风险,而市场信息公开性较好的地区,人们可能会了解到这些作物价格是由于自然灾害或者其他非正常因素导致的,就会更理性地进行生产和投资决策,从而更稳健地提升自身发展能力;社会信息的透明性能更稳定和可持续性地改善相对贫困群体的可行能力。中国最近十几年在生物科技方面已经有了长足的发展,培育出了很多高产、高质量、低成本的农林渔牧产品,探索出了更高效的生产方式,可是很多相对贫困地区由于社会信息的闭塞,仍旧用着低效的生产方式生产普通的产品,导致投入很多而产出较少,产品的市场认可程度也较低。

(四)防护性保障力度不足

根据阿马蒂亚·森理论,防护性保障简单来说就是社会保障,为居民提供社会安全网,让人们能够在年老无助之时得到帮助,失业状态下得到一定救济渡过难关，遭遇病残时能得到及时救治和医疗费用补贴，让人们能享受到安全的实质性自由。疾病对相对贫困群体的影响是非常大的，很多家庭因为疾病治疗背负了沉重的债务，成功脱贫的家庭也可能因为家庭成员生病而重新致贫。目前，国家在农村地区普及了农村合作医疗保险，能够在门诊治疗、住院治疗、大病治疗报销等方面提供一定比例的报销，在一定程度上保障居民利益，但对于相对贫困群体来说，疾病保障力度仍旧不足。在生活救助方面，农村地区主要有"五保户"和低保户等救助制度，给予弱势群体一定的基本生活保障。然而这种防护性保障的力度太低，还需要更深层次的保障，例如很多地区没有实现接通干净卫生的自来水，居民的饮水安全没有得到保障，一些相对贫困家庭因为没有冰箱等设备，食品保存条件差，容易感染病菌，卫生安全保障不足。另外，相对贫困群体在生产生活中容易遇到一些纠纷，有时候甚至会引起冲突，因此需要一定的法律咨询保障和心理咨询保障。

二、纳斯鲍姆可行能力结构与我国农户能力实际的匹配

后续学者玛莎·C.纳斯鲍姆等对阿马蒂亚·森的可行能力理论进行了一定程度的批判与沿袭。纳斯鲍姆可行能力理论是其社会正义理论的重要组成部分，她认为"……是一种对全体人类的平等尊严的承诺，无论他们的阶级、宗教、种姓、种族或者性别，而且该理论致力于实现所有人的符合平等尊严要求的生活"，这与我国社会主义制度要求相类似，更贴近我国国情。在她的"诗性正义论"框架下，她认为可行能力主要包含两大方面，即内在能力和混合能力。内在能力是反映个体特质或个人状态的指标，主要

包括情感、智商、性格、学识、健康与否、知觉价值以及运动能力等，内在能力并不是一成不变的，随着自身学习的演进而动态变化；混合能力则是内在能力自我实践价值基础上的综合，包含了与政治、经济、社会等环境的交互。

因此，纳斯鲍姆认为阿马蒂亚·森的可行能力结构过于模糊，并提出了自己的十项可行能力清单，即"生命、身体健康、身体完整、感觉想象和思考、情感、实践理性、归属、其他物种、玩耍和对环境的控制"①，显然，纳斯鲍姆更加关注一个人的情感上的真正自由。

结合我国农村农户特点，展开论述纳斯鲍姆的可行能力清单。

（一）生命

生命，按照纳斯鲍姆理解，指的是否能够寿终正寝。这一指标反映的是一种个体对自身生命自由的掌控度。在现行体制下，我国农村每个农户的生命都被视为最珍贵的，从 2019 年暴发新冠肺炎疫情即可体现，国家即使付出巨大经济代价，也要保障人民利益。

（二）身体健康

纳斯鲍姆认为，这一点很重要，甚至是决定个体可行能力高低的根本因素，主要包括健康程度和营养水平两方面。我国广大贫困农村所处地理条件、自然条件都较差，整体健康水平偏低，这与其所处地理位置、医疗水平低、气候、水资源等密切相关，只有拥有一个健康的身体，农民才能创造更多的社会财富，因此身体健康应

---

① ［美］玛莎·C.纳斯鲍姆：《寻求有尊严的生活：正义的能力理论》，田雷译，中国人民大学出版社 2016 年版，第 19—22 页。

该是一个重要的反映我国农户可行能力的指标。

(三)身体完整

纳斯鲍姆对身体的理解主要体现在个体是否能够自由地迁徙,同时不受暴力的侵袭,有机会结婚生子繁衍后代。这一点与身体健康是高度相关的。之所以纳斯鲍姆提出这一点是有时代背景和国家背景的,有些国家的人民尚不能自由地迁徙或无能力繁衍或抚养后代。对于我们社会主义国家而言,从新中国成立的那一天起,就赋予了人民这样的权利,甚至帮助生活在恶劣环境中的农户进行生态移民,如宁夏的西海固地区,几十年来将一个黄沙滩变成了现代的金沙滩,农户生活水平大大提高,生态得到有效恢复,农民得到真正实惠,体现了我们社会主义国家一切为了人民利益的根本出发点。因此,这一因素对于我国扶贫实践而言,并不是重要因素,本书在这里不予考虑。

(四)感觉想象和思考、情感、理性、归属、其他物种、玩耍和对环境的控制

纳斯鲍姆清单中"感觉想象和思考"列为第 4 项、"情感"列为第 5 项、"理性"列为第 6 项,"归属"列为第 7 项、"其他物种"列为第 8 项、"玩耍"列为第 9 项、"对环境的控制"列为第 10 项。通读纳斯鲍姆理论,"感觉想象与思考"重点评价是否能够运用想象和思考接受文学、数理等方面的学习;"情感"是指有能力去感受、去爱、去悲伤、去感激、去愤怒;"理性"要求个体应形成一种善念;"归属"强调的是一种社会归属感,不被抛弃,能够被当作与其他人具有平等价值的、有尊严的个体来对待,不存在种族歧视等;

"其他物种"泛指关心身边的环境、生物、动物等,是一种爱的高级形式,"玩耍"主要是指能够笑、玩以及享受娱乐活动;"对环境的控制"主要体现在对环境和自身情绪的控制。上述这七项是纳斯鲍姆从一个人的"精神世界"去描述其行为的,体现了"精神能力"也是一种能力的思想。这与马克思主义辩证法是相呼应的,即物质决定精神,精神反作用于物质。这是纳斯鲍姆可行能力理论有别于阿马蒂亚·森理论的重要一环,即强调了"精神家园"的重要性。结合我国农村农户实际,精神作用是至关重要的。首先,从国家层面已经意识到"扶贫必先扶志和扶智"的重要性,并开展多层次的扶志或扶智活动,帮助农户丰富其精神世界,"中国梦""乡村梦""绿水青山,就是金山银山""美丽乡村"等提法,其核心要义就是筑牢农户精神世界,引导农户积极创业、内生脱贫。

因此说,纳斯鲍姆关注的精神层面的能力与我国农村和农户脱贫是相吻合的,她所强调的"感觉想象与思考"可以认定为一种思想层面的能力;其他项可归结为"情感交流与自控能力"。结合我国扶贫脱贫实践,"思想层面"应该更加关注其脱贫意愿[1]、就业机会寻找[2][3]、创业意愿[4][5]、技能学习意愿等方面;"情感交流与自

---

[1]　王修华、任静远、王毅鹏:《基于贫困户可行能力不足的扶贫困境与破解思路》,《农村经济》2019 年 5 月。

[2]　闫磊、邓文慧、王海燕:《精准脱贫:变量厘定与问题发觉》,《兰州大学学报(社会科学版)》2018 年第 5 期。

[3]　华伦辉:《上杭县实施技能培训促就业助贫困户实现精准脱贫》,《中国培训》2019 年第 2 期。

[4]　么时曾、刘亚平:《关于金融扶贫工作开展情况的调查——以双鸭山市为例》,《黑龙江金融》2019 年第 5 期。

[5]　霍满都斯琴:《扎赉特旗蒙古族农民贫困原因及扶贫对策研究》,内蒙古师范大学 2019 年硕士学位论文。

控能力"应该积极关注农户对事物感兴趣程度①、生活满意度②（前期调研过程中被调查农户认为自身对生活状态保持一种积极观念，能够增强自身的主动性，会积极寻找出路）、社会交流③和自控力④（前期调研过程中被调查农户认为由于贫困，自身容易急躁，不利于谋求发展）等方面。

三、英国国际发展署可持续生计框架与我国农户能力实际的匹配

英国国际发展署（DFIP）建立的可持续生计分析（SLA）框架旨在关注人的能力建设，得到了其他国家和学术界的推广，其主要考量指标包括人力资产、社会资产、自然资产、物质资产和金融资产五方面，并分别给予了详尽的解释。⑤

（一）人力资产

可持续生计分析框架给人力资产的定义是"反映农户自身的技能、知识、劳动能力和良好的健康状态等"。从定义中可以看出其思想与纳斯鲍姆思想基本一致，更加重视农户个体特征的表述。作为实践性较强的考核指标，与我国内生扶贫脱贫实际是相符的，农户只有掌握多项技能，才能更好地获取经济价值的权利，才能规避市场风险、行业风险等外部风险，这与

---

① 温志惠：《脱贫攻坚：社工参与扶贫与新视角、新方案》，《中国社会报》2019年8月19日。
② 该因素来自课题组前期对河北省任县农户的调研。
③ 朱薇：《精准扶贫战略下对甘肃省贫困户的探索性分析》，《智富时代》2019年第1期。
④ 该因素来自课题组前期对河北省任县农户的调研。
⑤ 方珂、蒋卓余：《生计风险、可行能力与贫困群体的能力建设——基于农业扶贫的三个案例》，《社会保障研究》2019年第1期。

我国民间所说"艺多不压人"思想也不谋而合;同时,对人力资产的考量也与众多学者观点相一致(郑瑞强、曹国庆,2016[①];杨均华、刘璨,2019[②];李胜连、张丽颖、马智胜,2019[③],等)。

(二)社会资产

可持续生计分析框架给社会资产的定义是"农户吸引的社会资源包括人与人之间、人与机构之间的信任和互惠"。从我国农村实践来看,在社会资产方面,长久以来存在的邻里互助的文化传统,使中国农村在邻居、信任和互助关系等维度上有先天的优越性,但是由于经济发展过程中长期存在城乡二元分割,中国农村在与外界的联络方面具有一定的劣势,因此亲朋邻里关系,尤其是亲朋邻里关系中的高收入群体数量是我国农户重要的社会资产;根据资产属性,子女数量和需要赡养老人数量也是一种社会资产,子女数量多少对资产的贡献呈现倒"U"型关系,即子女过多更多地体现着负向资产;赡养老人数量与社会资产呈现正相关关系;"人与机构"的体现表现在"上级政府或企事业单位对农村发展的政策支持和政策导向",因此结合脱贫事件,主要应考量政府、企业提供的就业机会以及自主创业渠道的多寡。

(三)自然资产

可持续生计分析框架对自然资产的定义是"用于资源流动和

---

① 郑瑞强、曹国庆:《脱贫人口返贫:影响因素、作用机制与风险控制》,《农林经济管理学报》2016 年第 6 期。

② 杨均华、刘璨:《精准扶贫背景下农户脱贫的决定因素与反贫困策略》,《数量经济技术经济研究》2019 年第 7 期。

③ 李胜连、张丽颖、马智胜:《扶贫对象可行能力影响因素探析——以赣南等原中央苏区为例》,《企业经济》2019 年第 5 期。

服务的自然资源,包括土地、树木等"。土地是农户重要的生产资料,也是农户创造经济价值的重要载体。因此,土地资源的多寡决定了农户能力水平,尤其是在我国新的土地法实施后,土地流转形式多样化,更使其成为农户手中重要的流动资产;我国农村地处复杂,有的靠山,有的靠海,因此不同区域自然资源丰富程度不一样,应该全面考察农户所在地自然资源,将水资源、矿产资源、林木绿化资源列为重要考量分项指标是客观的。

(四)物质资产

可持续生计分析框架对物质资产的定义是"支持农户生计所需的基础设施和生产资料"。按照该定义并结合我国农村实际和大多数学者的认知,物质资产应该包括农户的衣、食、住、行以及生产资料五方面[1][2][3]。衣,主要是农户购买新衣的频率;食,主要是农户口粮充沛程度;住,主要是农户住房人均平方米数与质量;行,主要是农户出行交通工具;生产资料主要是购置种子、化肥、农用工具的花费情况。

(五)金融资产

可持续生计分析框架对金融资产的定义是"用来实现生计目标的财政资源"。有些学者将金融资产定义为所在地金融机构设立数

---

[1]　方珂、蒋卓余:《生计风险、可行能力与贫困群体的能力建设——基于农业扶贫的三个案例》,《社会保障研究》2019年第1期。

[2]　宁泽逵:《农户可持续生计资本与精准扶贫》,《华南农业大学学报(社会科学版)》2017年第1期。

[3]　谢东梅:《农户生计资产量化分析方法的应用与验证——基于福建省农村最低生活保障目标家庭瞄准效率的调研数据》,《技术经济》2009年第9期。

量来研究,缺乏对这一概念的深度理解,同时研究对象为农户可行能力或生计能力,因此应该将重点放到农户自身方面。根据该定义,结合农户特点以及部分学者观点(高红艳,2013 等)[①],主要考量农户银行储蓄与贷款情况、对外举债与放款情况、多元投资情况等。

四、我国农户可行能力结构分析框架构建

纵观上述三种观点,在可持续生计分析框架下这三者之间有一定的内在联系:阿马蒂亚·森的五种工具性自由中"社会机会"可以理解为一种"社会资产","经济条件"又体现着"自然资产""物质资产"和"金融资产"的综合,其独特性在于提出了"政治自由"和"保障资产"的重要性;纳斯鲍姆的"生命、身体健康、身体完整、实践理性等"实际上是对"人力资产"的细化,其突出贡献在于提出了关注"感觉想象和思考、情感、归属、其他物种和玩耍"等"精神资产"的重要性。因此,结合我国社会主义国家本质特征,综合上述三种观点,本书认为可行能力结构主要包括以下七大方面,即人力资产、物质资产、社会资产、自然资产、金融资产、精神资产和保障与透明性资产。

第四节　我国农户可行能力测量指标体系构建

根据上述阿马蒂亚·森和玛莎·C.纳斯鲍姆的可行能力理论以及英国国际发展署(DFIP)建立的可持续生计分析(SLA)框

---

① 高红艳:《山西省城市化进程中失地农民可持续生计研究》,中北大学 2013 年硕士学位论文。

架,本书将其归纳融合为七个二级指标,即人力资产、物质资产、社会资产、自然资产、金融资产、精神资产和保障资产。人力资产的三级指标主要包括健康状况、技能掌握情况和接受培训情况三方面;社会资产的三级指标主要包括养育子女情况、赡养老人情况、社会关系中高收入群体情况以及政府和企业提供就业机会情况、创业氛围等方面;物质资产的三级指标主要包括衣着更新情况、口粮充裕情况、住房情况(数量与质量)、交通工具使用情况以及生产工具使用情况(种子、化肥、农用工具等)几方面;自然资产的三级指标主要包括土地拥有情况、水资源情况、矿产资源情况和林木等绿化情况等方面;金融资产的三级指标主要包括农户银行存贷款情况、非银行借款放款情况、多元投资情况等方面;保障与透明性资产的三级指标主要包括个人信用情况、信息获取情况以及参保情况等方面;精神资产的三级指标主要包括思想意识层面、情感交流与自控力层面等方面。具体指标体系见表4-2。

表4-2　我国农户可行能力指标体系一览表

一级指标	二级指标	三级指标
农户可行能力指标体系	人力资产	健康情况
		技能掌握情况
		接受培训情况
	社会资产	养育子女情况
		赡养老人情况
		杰出亲属的情况
		政府就业提供
		企业就业提供
		创业氛围

续表

一级指标	二级指标	三级指标
农户可行能力指标体系	物质资产	衣着更新情况
		口粮充裕情况
		人均住房平方米数
		住房类型
		交通工具使用情况
		购置种子情况
		使用化肥情况
		购置农用工具情况
	自然资产	土地拥有情况
		水资源情况
		矿产资源情况
		树木等绿化情况
	金融资产	农户银行存贷款情况
		非银行借款放款情况
		多元投资情况
	保障与透明性资产	个人信用情况
		信息获取情况
		参保情况
	精神资产	思想意识层面
		情感交流与自控力层面

第五章　问卷设计与数据收集整理

第一节　调研对象与目的

一、调研的目的

本次调研的目的首先是为获取我国农户的可行能力、贫困情况及与金融科技的关系方面的第一手数据;其次,利用调研数据对农户组内不同群体间的可行能力进行量化比较测度,以期对我国农户可行能力的现状有明确清晰的认识和把握;最后,进一步地研究农户可行能力与金融科技和贫困之间的关系及其影响,为后续章节做好铺垫。

二、调研对象

本次调研主要采用线上与线下相结合的问卷调查方式。其中,线上调研的对象是全国范围内的农户,线下问卷调研的对象则重点选取了河北省邯郸市馆陶县、邢台市任泽区的部分农户,两地实际情况描述如下:任泽区位于邢台市东部,介于东经114°34′—

114°54′,北纬37°05′—37°16′,地处华北平原南部,总面积431平方公里。截至2019年,全区下辖4镇4乡2开发区、195个行政村,人口39.18万。2019年,任泽区完成地区生产总值60.04亿元,城镇居民可支配收入28849元,农村居民可支配收入14227元。截至2019年年末,任泽区户籍总人口39.1万人,其中,城镇人口17万人,乡村人口22.1万人。常住人口34万人,城镇常住人口占常住总人口比重(常住人口城镇化率)为46.95%。馆陶县,地处河北省东南部,以卫运河为界与山东省冠县、临清市毗邻。全县辖4镇4乡277个行政村,总面积456平方公里,其中耕地面积48万亩,总人口36万人。

第二节　问卷设计与调研

一、问卷设计

本次调研的问卷设计以阿马蒂亚·森和玛莎·C.纳斯鲍姆的可行能力理论及可持续性生计分析框架为指导思想,在农户的人力资产、社会资产、自然资产、物质资产、金融资产、精神资产、保障性与透明性资产七个维度设置问题测度农户的可行能力,同时,加入金融科技情况、农户脱贫的心理需求、农户对金融科技产品的心理需求三个维度的问题,测度可行能力与金融科技、农户收入之间的影响及相互作用关系。

根据所设计的调研问卷题项建立相应的统计指标体系,对应关系见表5-1。

表 5-1 指标体系的设置

基础资料		
控制变量	C1 属类	农户、产业工人、知识分子、其他
	C2 性别	男、女
	C3 年龄	根据中国农民实际,35 周岁及以下(青年);36—45 岁(青壮年);46—55 岁(中年);56—65 岁(中老年);66 岁以上(老年)
	C4 收入	3600 元以下为贫困人口(按 2010 年当年 2300 元,4.55 利率 10 年期计现值,3588);3601—16000 元为脱贫人口;16001—60000 元为小康人口(2020 年小康户国家标准家庭收入 6 万—30 万元,按核心家庭 5 口人计算);60001 元以上为富裕人口
	C5 居住地	县城、乡镇、农村、外出打工
	C6 教育程度	小学及以下;初中;高中;中专;大学及以上

可行能力测量		
一级指标	**二级指标**	**测量指标**
z1 人力资产	y1 身体状况	x1 您的身体健康程度如何?
	y2 技能状况	x2 您熟悉以下几种技能?
	y3 知识状况	x3 您的受教育程度?
		x4 您接受社会各类培训的次数?
z2 社会资产	y4 人脉资源	x5 家庭子女数量?
		x6 需要赡养老人数量?
		x7 您的亲朋好友里面属于高收入群体的人数有多少?
	y5 就业机会	x8 您所在地区政府提供的就业机会多吗?
		x9 您所在地区企业提供的就业机会多吗?
		x10 您所在地区自主创业者多吗?
z3 自然资产	y6 土地面积	x11 您家所拥有的土地面积为多少亩?
	y7 生活环境状态	x12 水资源丰富程度 x13 矿产资源丰富程度 x14 树木等绿色资源丰富程度

续表

可行能力测量		
一级指标	二级指标	测量指标
z4 物质资产	y8 基础资料情况	x15 每年购买新衣的频率？ x16 您家庭人均口粮充足程度？ x17 您现在居住的房屋等级情况？ x18 您目前居住的房屋面积多大？ x19 您出行的主要交通工具？（多选题）
	y9 生产资料情况	x20 您每年购置种子的花费大约多少钱？ x21 您每年购置化肥的花费大约多少钱？ x22 您每年购置农用工具的花费大约多少钱？
z5 金融资产	y10 存款情况	x23 您有银行存款吗？
	y11 股权投资	x24 您有参股投资吗？ x25 您有证券基金投资吗？
	y12 借款情况	x26 您有借款尚未收回吗？
	y13 贷款情况	x27 您有贷款吗？ x28 您有非银行欠款吗？
z6 精神资产	y14 思想意识	x29 您主动脱贫的意愿程度如何？ x30 您平时寻找就业机会的意愿程度如何？ x31 您平时学习技能的意愿程度如何？ x32 您从事自主创业的意愿程度如何？
	y15 情感交流	x33 您平时对事物感兴趣的程度？ x34 您对目前身处的生活状态的满意程度？ x35 您与亲朋邻里交流的意愿程度？
	y16 自控力	x36 您遇事的自控能力如何？
z7 保障性资产	y17 信用程度	x37 您答应别人的事一定能做到吗？ x38 您不会在网络上随便转发未被验证的信息吗？ x39 跟亲戚朋友借钱您会按时归还吗？ x40 您的银行账户信用良好吗？
	y18 信息渠道	x41 您在就业方面的信息获取渠道多吗？ x42 您在产品价格方面的信息获取渠道多吗？ x43 您在技能培训方面的信息获取渠道多吗？
	y19 保险	x44 您都参加了哪些保险项目？（多选题）

续表

可行能力测量		
一级指标	二级指标	测量指标
z8 支农金融科技	y20 存储习惯	x45 您一般将钱存入哪里？（多选题）
	y21 储蓄科技化	x46 您觉得银行自助柜员机方便吗？ x47 您觉得网上银行方便吗？ x48 您觉得银行大堂的自助智能设备便利吗？
	y22 金融科技产品	x49 您了解余额宝等金融科技产品吗？ x50 您用过余额宝等金融科技产品吗？ x51 您有使用余额宝等金融科技产品的打算吗？
	y23 贷款方式	x52 您一般选择哪种方式进行贷款？（多选题）
	y24 贷款科技化	x53 您有过网上银行贷款经验吗？ x54 您有通过花呗等平台超前消费的经历吗？
	y25 支付方式	x55 一般情况下您在购买东西时选择的主要支付方式是什么？
z9 心理需求	y26 脱贫需求	x56 您了解的扶贫措施有哪些？（多选题） x57 您希望政府扶贫过程中最需要在哪些方面发挥作用？（多选题） x58 您希望金融机构扶贫过程中最需要在哪些方面发挥作用？（多选题） x59 您希望涉农企业扶贫过程中最需要在哪些方面发挥作用？（多选题）
	y27 金融科技需求	x60 您希望通过科技手段使贷款更方便吗？ x61 您希望金融科技平台更容易操作吗？ x62 您希望金融科技产品种类更多吗？ x63 您希望金融科技产品更安全吗？

二、调研

本次调研采取线上与线下相结合的方式进行,线上调研通过问卷星平台发放电子问卷,面向全国范围的不同群体进行填写并实地选取邢台市任泽区和邯郸市馆陶县的农户填写。经过调研,共计收回调研问卷935份,其中线上调研问卷收回665份,线下纸质问卷收回270份。经过初步整理,有效问卷927份。问卷发放形式比例见图5-1。

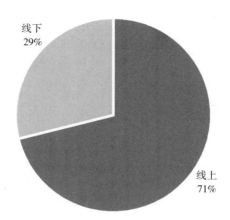

图 5-1　问卷发放形式比例图

从调研问卷的结果来看：

本次调研共涵盖农户 401 人、产业工人 40 人、知识分子 306 人、其他群体（学生）180 人，其比例见图 5-2。

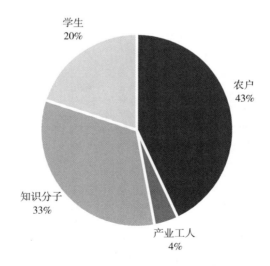

图 5-2　调研群体数量比例图

如图 5-2 所示，本次调研的对象主要是农户，占近二分之一的比例，知识分子的比例为三分之一，产业工人只占很小的一部分。

从本次调研结果的地域分布来看,本次调研的对象分布在全国29个省(自治区、直辖市),覆盖面较广,调研对象的具体地域分布数量见图5-3。

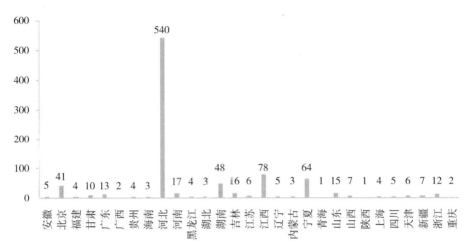

图5-3　调研对象地域分布图

如图5-3所示,由于采取了线上调研的方式,因本次调研对象分布的省区较广,但分布数量不均衡,其中河北省540人,占据调研群体的绝大部分。在其他省区中,北京、湖南、江西、宁夏也有一定数量的调研对象,而其他省区则只有零星分布。

本次调研结果的性别比例为:男性483人、女性444人,大致为1∶1的比例。

从本次调研结果的年龄结构看,35周岁及以下的有415人,36—45周岁的有220人,46—55周岁的有215人,56—65周岁的有58人,66周岁以上的有19人。调研对象的年龄分布见图5-4。

如图5-4所示,在本次调研中,35周岁及以下的人群占主导,其比例接近总人数的一半,36—45周岁及46—55周岁的人群各占总人数的四分之一,56周岁及以上的人数不到10%。

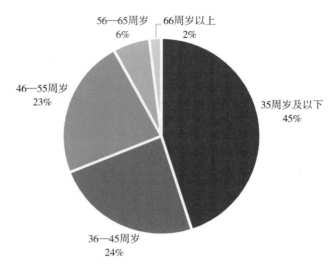

图 5-4　调研对象年龄分布图

从本次调研结果的收入分布情况看,人均年收入在 3600 元以下的有 309 人,人均年收入为 3601—16000 元的有 316 人,人均年收入为 16001—60000 元的有 143 人,人均年收入为 60001 元及以上的有 159 人。具体的收入分布情况见图 5-5。

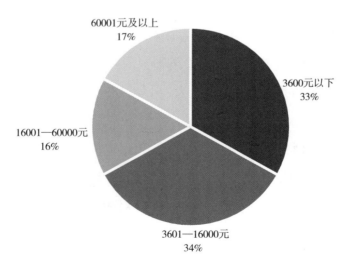

图 5-5　调研对象的人均年收入分布图

如图 5-5 所示,调研对象的人均年收入分布比较均衡,其中人均年收入在 3600 元以下的占三分之一,人均年收入在 3601—16000 元的人占三分之一,人均年收入在 16001—60000 元及 60001 元以上的各占六分之一。从结果可见,人均年收入 60000 元以下的人,也即是人均月收入 5000 元以下的低收入者占绝大部分。

从调研对象的受教育程度看,小学及以下的共有 66 人,初中学历的有 248 人,高中学历的有 70 人,中专学历的有 43 人,大学及以上学历的共有 500 人。具体的受教育程度分布情况见图 5-6。

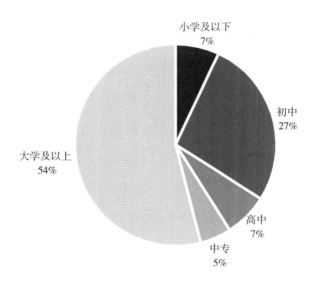

图 5-6 调研对象的受教育程度分布图

如图 5-6 所示,具有大学及以上学历的人占调研对象的一半以上,这一情况主要是由于调研对象当中有相当比例的知识分子、产业工人、学生造成的。在学历较低的人群中,初中学历的人占据一半以上的比例,这可能是由于我国普及了九年制义务教育的成果。

第三节　指标体系的科学性检验

一、项目分析

项目分析的主要目的在于检验编制的调研问卷个别题项的适切或可靠程度,探究调研问卷高低分的受试者在每个题项的差异,其总体思路是根据调研总分区分出高分组受试者和低分组受试者,再求高低两组在每个题项的平均数差异的显著性,其原理与独立样本的 t 检验相同,检验后将未达显著性水平的题项删除。

项目分析的主要操作步骤包括:(1)求出调研问卷的总分;(2)将调研问卷的总分高低排列;(3)找出高低分组上下 27% 处的分数;(4)依临界分数将调研问卷得分分成两组;(5)以 t 检验检测高低分组在每个题项的差异。以下依次分析本次调研问卷所得的农户数据,数据分析通过 SPSS 统计分析软件进行。

(一)单选题

在进行项目分析时,首先将调研问卷中多选题的结果剔除,另行分析,即首先分析单选题的可靠程度。

将 8 个多选题的结果剔除后,剩余 55 个题项的分数进行加总,并生成新变量"总分"。按照总分的数值对调研数据结果由小到大排序,并记录 27% 的临界值位置的调研对象的分数 128;再按照总分数值对调研结果由大到小排序,并记录 27% 的临界位置的调研对象的分数 146.50。将上述求得的临界分数 128、146.50 作为临界值,把原数据文件重新编码为不同变量。128 分以下为低分组,146.50 分以上为高分组。对低分组和高分组的调研题项进行独立样本 t 检验,在 SPSS 软件下的结果见表 5-2。

表 5-2 组别统计量

变量	组别	N	均值	标准差	标准误
x1	1	109	3.85	0.837	0.08
	2	108	2.64	0.971	0.093
x2	1	109	2.5	2.474	0.237
	2	108	0.78	1.487	0.143
x3	1	109	2.86	1.19	0.114
	2	108	2.07	1.011	0.097
x4	1	109	1.65	0.658	0.063
	2	108	1.12	0.404	0.039
x5	1	109	3.31	1.06	0.102
	2	108	2.85	0.905	0.087
x6	1	109	2.81	1.221	0.117
	2	108	2.64	1.293	0.124
x7	1	109	2.47	1.266	0.121
	2	108	1.27	0.557	0.054
x8	1	109	3.04	1.071	0.103
	2	108	1.72	0.818	0.079
x9	1	109	3.29	1.039	0.1
	2	108	1.93	0.914	0.088
x10	1	109	3.47	1.059	0.101
	2	108	2.19	1.015	0.098
x11	1	109	3.1215	8.4608	0.8104
	2	108	1.3093	1.5815	0.1522
x12	1	109	3.46	0.866	0.083
	2	108	2.6	0.966	0.093
x13	1	109	2.17	1.143	0.109
	2	108	1.53	0.826	0.079
x14	1	109	3.59	0.841	0.081
	2	108	2.39	1.04	0.1

续表

变量	组别	N	均值	标准差	标准误
x15	1	109	2.89	1.012	0.097
	2	108	1.97	0.662	0.064
x16	1	109	3.99	0.631	0.06
	2	108	3.12	0.862	0.083
x17	1	109	4.28	0.679	0.065
	2	108	3.61	0.936	0.09
x18	1	109	3.36	0.727	0.07
	2	108	2.55	0.951	0.092
x20	1	109	2.14	1.166	0.112
	2	108	1.24	0.527	0.051
x21	1	109	2.41	1.056	0.101
	2	108	1.44	0.585	0.056
x22	1	109	2.06	1.133	0.108
	2	108	1.24	0.562	0.054
x23	1	109	1.45	0.5	0.048
	2	108	1.66	0.477	0.046
x24	1	109	1.9	0.303	0.029
	2	108	1.98	0.135	0.013
x25	1	109	1.98	0.135	0.013
	2	108	1.96	0.19	0.018
x26	1	109	1.65	0.479	0.046
	2	108	1.78	0.418	0.04
x27	1	109	1.58	0.496	0.048
	2	108	1.74	0.44	0.042
x28	1	109	1.72	0.449	0.043
	2	108	1.69	0.467	0.045
x29	1	109	4.47	0.617	0.059
	2	108	3.52	1.072	0.103
x30	1	109	4.28	0.679	0.065
	2	108	3.23	1.124	0.108

续表

变量	组别	N	均值	标准差	标准误
x31	1	109	4.33	0.639	0.061
	2	108	3.0	1.068	0.103
x32	1	109	4.17	0.877	0.084
	2	108	2.81	1.241	0.119
x33	1	109	4.06	0.678	0.065
	2	108	2.93	0.851	0.082
x34	1	109	3.61	0.861	0.082
	2	108	2.36	0.922	0.089
x35	1	109	4.11	0.685	0.066
	2	108	3.06	0.874	0.084
x36	1	109	3.99	0.674	0.065
	2	108	2.92	0.787	0.076
x37	1	109	1.16	0.412	0.039
	2	108	1.28	0.45	0.043
x38	1	109	1.28	0.682	0.065
	2	108	1.35	0.715	0.069
x39	1	109	1.1	0.384	0.037
	2	108	1.11	0.344	0.033
x40	1	109	1.06	0.313	0.03
	2	108	1.05	0.252	0.024
x41	1	109	3.43	0.896	0.086
	2	108	1.91	0.663	0.064
x42	1	109	3.33	0.893	0.086
	2	108	1.88	0.652	0.063
x43	1	109	3.22	0.975	0.093
	2	108	1.77	0.705	0.068
x46	1	109	4.26	0.658	0.063
	2	103	3.23	0.982	0.095
x47	1	109	4.35	0.658	0.063
	2	103	3.1	1.067	0.103

续表

变量	组别	N	均值	标准差	标准误
x48	1	109	4.14	0.833	0.08
	2	108	3.13	0.968	0.093
x49	1	109	1.39	0.489	0.047
	2	108	1.76	0.43	0.041
x50	1	109	1.53	0.501	0.048
	2	108	1.75	0.435	0.042
x51	1	109	1.44	0.499	0.048
	2	108	1.71	0.454	0.044
x53	1	109	1.71	0.458	0.044
	2	108	1.85	0.357	0.034
x54	1	109	1.48	0.502	0.048
	2	108	1.69	0.463	0.045
x55	1	109	1.83	0.373	0.036
	2	108	1.42	0.495	0.048
x60	1	109	3.96	0.881	0.084
	2	108	2.75	1.086	0.105
x61	1	109	4.11	0.797	0.076
	2	108	2.99	1.089	0.105
x62	1	109	4.05	0.843	0.081
	2	108	2.81	1.072	0.103
x63	1	109	4.24	0.769	0.074
	2	108	3.16	1.193	0.115

表 5-2 是高低分组的组别统计量,每个题项包括高分组(标号 1)和低分组(标号 2)的数据个数,平均数、标准差、平均数的估计标准误。独立样本的 t 检验即在检验高分组、低分组在每个题项测量值的平均数的差异值是否达到显著($p<0.05$),以了解样本在调研问卷各题项平均数高低是否因为组别(高分组、低分组)的不同而有所差异。就题项 x1 而言,高分组的平均数为 3.85、标准

表 5-3　调研题项的独立样本 t 检验

变量	假设条件	方差齐性检验		独立样本 t 检验						95% 的置信区间	
		F 值	显著性	t 值	自由度	双尾显著性	平均差	标准差		下限	上限
x1	方差齐性假设	5.675	0.018	9.869	215.0	0.0	1.214	0.123		0.972	1.457
	方差非齐性假设			9.863	209.841	0.0	1.214	0.123		0.972	1.457
x2	方差齐性假设	18.851	0.0	6.224	215.0	0.0	1.727	0.277		1.18	2.274
	方差非齐性假设			6.237	177.318	0.0	1.727	0.277		1.18	2.273
x3	方差齐性假设	15.62	0.0	5.256	215.0	0.0	0.788	0.15		0.493	1.084
	方差非齐性假设			5.26	210.129	0.0	0.788	0.15		0.493	1.084
x4	方差齐性假设	49.548	0.0	7.158	215.0	0.0	0.531	0.074		0.385	0.677
	方差非齐性假设			7.173	179.497	0.0	0.531	0.074		0.385	0.677
x5	方差齐性假设	3.418	0.066	3.437	215.0	0.001	0.46	0.134		0.196	0.724
	方差非齐性假设			3.439	210.4	0.001	0.46	0.134		0.196	0.724
x6	方差齐性假设	1.352	0.246	0.987	215.0	0.325	0.168	0.171		-0.168	0.505
	方差非齐性假设			0.987	214.047	0.325	0.168	0.171		-0.168	0.505
x7	方差齐性假设	72.67	0.0	9.017	215.0	0.0	1.199	0.133		0.937	1.462
	方差非齐性假设			9.045	148.606	0.0	1.199	0.133		0.937	1.461
x8	方差齐性假设	0.142	0.707	10.152	215.0	0.0	1.314	0.129		1.059	1.57
	方差非齐性假设			10.165	202.004	0.0	1.314	0.129		1.059	1.569

续表

变量	假设条件	方差齐性检验		独立样本 t 检验					95% 的置信区间	
		F 值	显著性	t 值	自由度	双尾显著性	平均差	标准差	下限	上限
x9	方差齐性假设	1.234	0.268	10.291	215.0	0.0	1.368	0.133	1.106	1.63
	方差非齐性假设			10.297	212.034	0.0	1.368	0.133	1.106	1.629
x10	方差齐性假设	0.112	0.739	9.106	215.0	0.0	1.283	0.141	1.005	1.56
	方差非齐性假设			9.108	214.767	0.0	1.283	0.141	1.005	1.56
x11	方差齐性假设	9.499	0.002	2.188	215.0	0.03	1.8122	0.8281	0.1799	3.4445
	方差非齐性假设			2.198	115.606	0.03	1.8122	0.8246	0.179	3.4454
x12	方差齐性假设	2.497	0.116	6.879	215.0	0.0	0.857	0.125	0.611	1.102
	方差非齐性假设			6.876	212.058	0.0	0.857	0.125	0.611	1.103
x13	方差齐性假设	18.954	0.0	4.706	215.0	0.0	0.637	0.135	0.37	0.904
	方差非齐性假设			4.713	196.662	0.0	0.637	0.135	0.371	0.904
x14	方差齐性假设	7.132	0.008	9.337	215.0	0.0	1.198	0.128	0.945	1.451
	方差非齐性假设			9.328	205.262	0.0	1.198	0.128	0.945	1.452
x15	方差齐性假设	39.958	0.0	7.895	215.0	0.0	0.918	0.116	0.689	1.147
	方差非齐性假设			7.909	186.341	0.0	0.918	0.116	0.689	1.147
x16	方差齐性假设	7.588	0.006	8.496	215.0	0.0	0.87	0.102	0.669	1.072
	方差非齐性假设			8.484	196.066	0.0	0.87	0.103	0.668	1.073

续表

变量	假设条件	方差齐性检验		独立样本 t 检验						
		F 值	显著性	t 值	自由度	双尾显著性	平均差	标准差	95%的置信区间 下限	95%的置信区间 上限
x17	方差齐性假设	8.266	0.004	5.989	215.0	0.0	0.664	0.111	0.446	0.883
	方差非齐性假设			5.981	195.108	0.0	0.664	0.111	0.445	0.883
x18	方差齐性假设	12.255	0.001	7.067	215.0	0.0	0.812	0.115	0.585	1.038
	方差非齐性假设			7.058	200.237	0.0	0.812	0.115	0.585	1.038
x20	方差齐性假设	79.873	0.0	7.287	215.0	0.0	0.897	0.123	0.654	1.139
	方差非齐性假设			7.309	150.663	0.0	0.897	0.123	0.654	1.139
x21	方差齐性假设	47.918	0.0	8.344	215.0	0.0	0.968	0.116	0.74	1.197
	方差非齐性假设			8.365	168.979	0.0	0.968	0.116	0.74	1.197
x22	方差齐性假设	50.37	0.0	6.775	215.0	0.0	0.823	0.122	0.584	1.063
	方差非齐性假设			6.794	158.393	0.0	0.823	0.121	0.584	1.063
x23	方差齐性假设	8.586	0.004	-3.134	215.0	0.002	-0.208	0.066	-0.339	-0.077
	方差非齐性假设			-3.135	214.694	0.002	-0.208	0.066	-0.339	-0.077
x24	方差齐性假设	30.245	0.0	-2.585	215.0	0.01	-0.082	0.032	-0.145	-0.02
	方差非齐性假设			-2.593	149.903	0.01	-0.082	0.032	-0.145	-0.02
x25	方差齐性假设	2.837	0.094	0.837	215.0	0.404	0.019	0.022	-0.025	0.063
	方差非齐性假设			0.836	192.994	0.404	0.019	0.022	-0.025	0.063

续表

变量	假设条件	方差齐性检验		独立样本 t 检验					95% 的置信区间	
		F 值	显著性	t 值	自由度	双尾显著性	平均差	标准差	下限	上限
x26	方差齐性假设	17.096	0.0	-2.072	215.0	0.039	-0.126	0.061	-0.247	-0.006
	方差非齐性假设			-2.073	211.618	0.039	-0.126	0.061	-0.247	-0.006
x27	方差齐性假设	23.015	0.0	-2.555	215.0	0.011	-0.163	0.064	-0.288	-0.037
	方差非齐性假设			-2.556	212.441	0.011	-0.163	0.064	-0.288	-0.037
x28	方差齐性假设	1.619	0.205	0.637	215.0	0.525	0.04	0.062	-0.083	0.162
	方差非齐性假设			0.637	214.498	0.525	0.04	0.062	-0.083	0.162
x29	方差齐性假设	27.109	0.0	8.004	215.0	0.0	0.949	0.119	0.716	1.183
	方差非齐性假设			7.985	170.592	0.0	0.949	0.119	0.715	1.184
x30	方差齐性假设	23.622	0.0	8.288	215.0	0.0	1.044	0.126	0.796	1.292
	方差非齐性假设			8.271	175.554	0.0	1.044	0.126	0.795	1.293
x31	方差齐性假设	6.359	0.012	11.147	215.0	0.0	1.33	0.119	1.095	1.566
	方差非齐性假设			11.123	174.637	0.0	1.33	0.12	1.094	1.566
x32	方差齐性假设	16.079	0.0	9.325	215.0	0.0	1.36	0.146	1.072	1.647
	方差非齐性假设			9.31	192.35	0.0	1.36	0.146	1.072	1.648
x33	方差齐性假设	1.409	0.237	10.817	215.0	0.0	1.129	0.104	0.923	1.335
	方差非齐性假设			10.806	204.043	0.0	1.129	0.104	0.923	1.335

续表

变量	假设条件	方差齐性检验		独立样本 t 检验					95% 的置信区间	
		F 值	显著性	t 值	自由度	双尾显著性	平均差	标准差	下限	上限
x34	方差齐性假设	1.424	0.234	10.279	215.0	0.0	1.244	0.121	1.006	1.483
	方差非齐性假设			10.275	213.716	0.0	1.244	0.121	1.006	1.483
x35	方差齐性假设	0.541	0.463	9.9	215.0	0.0	1.055	0.107	0.845	1.264
	方差非齐性假设			9.889	202.587	0.0	1.055	0.107	0.844	1.265
x36	方差齐性假设	1.8	0.181	10.806	215.0	0.0	1.071	0.099	0.878	1.27
	方差非齐性假设			10.799	209.405	0.0	1.074	0.099	0.878	1.27
x37	方差齐性假设	13.835	0.0	-2.08	215.0	0.039	-0.122	0.059	-0.237	-0.006
	方差非齐性假设			-2.079	213.006	0.039	-0.122	0.059	-0.237	-0.006
x38	方差齐性假设	1.362	0.244	-0.712	215.0	0.478	-0.067	0.095	-0.254	0.119
	方差非齐性假设			-0.711	214.32	0.478	-0.067	0.095	-0.254	0.119
x39	方差齐性假设	0.09	0.764	-0.206	215.0	0.837	-0.01	0.049	-0.108	0.087
	方差非齐性假设			-0.206	212.91	0.837	-0.01	0.049	-0.108	0.087
x40	方差齐性假设	0.877	0.35	0.465	215.0	0.642	0.018	0.039	-0.058	0.094
	方差非齐性假设			0.466	206.338	0.642	0.018	0.038	-0.058	0.094
x41	方差齐性假设	14.793	0.0	14.226	215.0	0.0	1.524	0.107	1.313	1.735
	方差非齐性假设			14.246	199.029	0.0	1.524	0.107	1.313	1.735

续表

变量	假设条件	方差齐性检验		独立样本 t 检验					95%的置信区间	
		F值	显著性	t值	自由度	双尾显著性	平均差	标准差	下限	上限
x42	方差齐性假设	14.317	0.0	13.66	215.0	0.0	1.451	0.106	1.241	1.66
	方差非齐性假设			13.679	197.663	0.0	1.451	0.106	1.242	1.66
x43	方差齐性假设	5.828	0.017	12.555	215.0	0.0	1.452	0.116	1.224	1.68
	方差非齐性假设			12.573	196.76	0.0	1.452	0.115	1.224	1.679
x46	方差齐性假设	11.75	0.001	9.041	215.0	0.0	1.025	0.113	0.802	1.249
	方差非齐性假设			9.025	186.797	0.0	1.025	0.114	0.801	1.25
x47	方差齐性假设	13.413	0.0	10.369	215.0	0.0	1.247	0.12	1.01	1.484
	方差非齐性假设			10.347	177.78	0.0	1.247	0.12	1.009	1.485
x48	方差齐性假设	3.565	0.06	8.226	215.0	0.0	1.008	0.123	0.766	1.25
	方差非齐性假设			8.221	209.771	0.0	1.008	0.123	0.766	1.25
x49	方差齐性假设	20.458	0.0	-5.983	215.0	0.0	-0.374	0.062	-0.497	-0.251
	方差非齐性假设			-5.987	211.967	0.0	-0.374	0.062	-0.497	-0.251
x50	方差齐性假设	34.067	0.0	-3.418	215.0	0.001	-0.218	0.064	-0.344	-0.092
	方差非齐性假设			-3.421	211.339	0.001	-0.218	0.064	-0.343	-0.092
x51	方差齐性假设	18.559	0.0	-4.207	215.0	0.0	-0.273	0.065	-0.4	-0.145
	方差非齐性假设			-4.209	213.515	0.0	-0.273	0.065	-0.4	-0.145

续表

变量	假设条件	方差齐性检验		独立样本 t 检验					95%的置信区间	
		F 值	显著性	t 值	自由度	双尾显著性	平均差	标准差	下限	上限
x53	方差齐性假设	29.006	0.0	-2.609	215.0	0.01	-0.145	0.056	-0.255	-0.036
	方差非齐性假设			-2.612	203.807	0.01	-0.145	0.056	-0.255	-0.036
x54	方差齐性假设	18.407	0.0	-3.316	215.0	0.001	-0.217	0.066	-0.347	-0.088
	方差非齐性假设			-3.318	213.907	0.001	-0.217	0.066	-0.347	-0.088
x55	方差齐性假设	69.109	0.0	7.03	215.0	0.0	0.418	0.059	0.301	.535
	方差非齐性假设			7.021	198.839	0.0	0.418	0.06	0.301	0.536
x60	方差齐性假设	6.479	0.012	9.04	215.0	0.0	1.213	0.134	0.949	1.478
	方差非齐性假设			9.031	205.475	0.0	1.213	0.134	0.948	1.478
x61	方差齐性假设	3.622	0.058	8.642	215.0	0.0	1.119	0.13	0.864	1.375
	方差非齐性假设			8.63	196.03	0.0	1.119	0.13	0.864	1.375
x62	方差齐性假设	4.983	0.027	9.479	215.0	0.0	1.24	0.131	0.982	1.498
	方差非齐性假设			9.469	202.873	0.0	1.24	0.131	0.982	1.499
x63	方差齐性假设	14.048	0.0	7.942	215.0	0.0	1.081	0.136	0.813	1.349
	方差非齐性假设			7.927	182.507	0.0	1.081	0.136	0.812	1.35

差为 0.837,低分组的平均数为 2.64、标准差为 0.971,两组的平均数差异越大,其差异值越有可能达到显著。

高分组的观察值有 109 人,低分组的观察值有 108 人,在不同组别的人数分组上,虽然高分组与低分组人数各占农户总数的 27%,理论上两组的人数应该相等,但是由于分割点分割的人数不相同,因此会形成两组人数不相等的情况。

表 5-3 为独立样本 t 检验的统计量,在 t 统计量的判别上,需要先判别两组的方差是否相等,若是两组的方差相等,则看"方差齐性假设"(Equal variances assumed)行的 t 值数据;如果两个群体的方差不相等,则看"方差非齐性假设"(Equal variances not assumed)行的 t 值数据。

以 x1 变量为例,经过 Levene 法的 F 值检验结果,F 统计量的值是 5.675,p=0.018<0.05,达到 0.05 的显著性水平,应拒绝虚无假设:$H_0: \sigma_{x1}^2 = \sigma_{x2}^2$ 接受对立假设:$H_0: \sigma_{x1}^2 \neq \sigma_{x2}^2$,表示两组的方差不相等,此时 t 检验数据要看第二行"方差非齐性假设"中的数据,t 值统计量是 9.863,显著性概率 p=0.000<0.05,达到 0.05 的显著性水平,表示此题项的临界比值达到显著,能够区分调研对象能力水平的高低。

根据表 5-3 的独立样本 t 检验的结果,题项变量 x6、x25、x28、x38、x39、x40 六个题项未达到显著性水平的要求,出现此情况的可能原因是不同组别的调研对象在这些题项方面的实际生活情况相似或者具有相同的生活习惯。

(二)多选题

对多选题项的检验选择卡方检验,卡方检验检测某一变量的实际观察次数分布与期望理论次数分布是否符合。卡方检验的研究假设为"实际观察次数与理论期望次数之间有显著差异",虚无假设为"实际观察次数与理论期望次数间无显著差异"。

应用 SPSS 软件对 8 个多选题进行卡方检验,结果见表 5-4—表 5-11。

表 5-4　题项 19 的检验统计量

测量题项	x19-1	x19-2	x19-3	x19-4	x19-5
卡方	310.746	128.501	29.628	98.756	79.903
自由度	1	1	1	1	1
p 值	0	0	0	0	0

表 5-5　题项 44 的检验统计量

测量题项	x44-1	x44-2	x44-3	x44-4	x44-5	x44-6
卡方	89.08	191.344	346.955	228.95	339.554	222.945
自由度	1	1	1	1	1	1
p 值	0	0	0	0	0	0

表 5-6　题项 45 的检验统计量

测量题项	x45-1	x45-2	x45-3	x45-4	x45-5	x45-6
卡方	28.551	121.798	244.312	385.16	385.16	283.214
自由度	1	1	1	1	1	1
p 值	0	0	0	0	0	0

表 5-7　题项 52 的检验统计量

测量题项	x52-1	x52-2	x52-3	x52-4	x52-5
卡方	52.431	361.998	5.05	194.117	231.983

测量题项	x52-1	x52-2	x52-3	x52-4	x52-5
自由度	1	1	1	1	1
p 值	0	0	0.025	0	0

表 5-8 题项 56 的检验统计量

测量题项	x56-1	x56-2	x56-3	x56-4	x56-5	x56-6	x56-7	x56-8	x56-9	x56-10
卡方	4.611	5.509	31.843	36.511	21.569	183.145	256.96	244.312	279.863	188.591
自由度	1	1	1	1	1	1	1	1	1	1
p 值	0.032	0.019	0	0	0	0	0	0	0	0

表 5-9 题项 57 的检验统计量

测量题项	x57-1	x57-2	x57-3	x57-4	x57-5	x57-6	x57-7	x57-8	x57-9	x57-10
卡方	28.551	5.05	0.022	56.86	113.14	59.913	78.127	140.072	111.025	296.82
自由度	1	1	1	1	1	1	1	1	1	1
p 值	0	0.025	0.881	0	0	0	0	0	0	0

表 5-10 题项 58 的检验统计量

测量题项	x58-1	x58-2	x58-3	x58-4	x58-5	x58-6	x58-7
卡方	72.92	92.89	19.753	250.596	0.302	175.125	196.91
自由度	1	1	1	1	1	1	1
p 值	0	0	0	0	0.583	0	0

表 5-11 题项 59 的检验统计量

测量题项	x59-1	x59-2	x59-3	x59-4	x59-5	x59-6
卡方	59.913	7.544	0.9	55.364	0.561	225.938
自由度	1	1	1	1	1	1

续表

测量题项	x59-1	x59-2	x59-3	x59-4	x59-5	x59-6
p 值	0	0.006	0.343	0	0.454	0

从 SPSS 的卡方检验结果看,题项 x57、x58、x59 未达到 0.05 的显著水平,因此题目的区分度不强,造成此现象的原因可能是农户对题目各选项的内容不理解,或者是由于在答题过程中出于应付的心态。

二、效度检验

调研问卷的效度是指调研问卷能测量理论的概念或特质的程度,通过因素分析可以求出调研问卷的效度。效度的大小可以通过取样适切性量数(KMO)值的大小来判断,取样适切性量数指标值介于 0 至 1 之间,当取样适切性量数值小于 0.50 时,表示题项变量间不适合进行因素分析,即效度低;当取样适切性量数指标值大于 0.80 时,表示题项变量间的关系是良好的,调研问卷的效度高。

通过 SPSS 软件对调研问卷的所有单选题整体进行效度检验,结果见表 5-12。

表 5-12　取样适切性量数与巴特利特检验

抽样充足的取样适切性量数值		0.866
巴特利特球形试验	卡方值约数	9374.74
	自由度	1176
	p 值	0

如表 5-12 的结果所示,取样适切性量数的值为 0.866,大于0.80,说明调研问卷的整体效度较佳。

三、信度检验

信度代表调研问卷的一致性或者稳定性,项目分析中的信度检验旨在检视题项删除后,整体调研问卷的信度变化情况,通常采用克隆巴赫 α 系数进行检验,如果题项删除后的调研问卷整体信度系数比原先的信度系数高出很多,则此题项与其余题项所要测量的属性可能不相同,表示此题项与其他题项的同质性不高。

应用 SPSS 软件,以农户的调研对象数据对调研问卷的所有单选题项进行信度检验,结果见表 5-13。

表 5-13 信度统计量

卡方值	题项数
0.808	55

表 5-14 项目总体统计量

变量	删除项目的比例均值	删除项目的比例变化	校正的总体相关系数	删除项目后的克隆巴赫系数
x1	134.7862	289.168	0.435	0.801
x2	136.5568	279.901	0.345	0.803
x3	135.7089	294.669	0.231	0.806
x4	136.7563	296.753	0.378	0.804
x5	134.9134	299.805	0.113	0.809
x6	135.3074	305.116	-0.053	0.815
x7	136.3223	286.980	0.502	0.799
x8	135.7962	287.268	0.440	0.800
x9	135.4944	286.735	0.427	0.800

续表

变量	删除项目的比例均值	删除项目的比例变化	校正的总体相关系数	删除项目后的克隆巴赫系数
x10	135.2401	288.577	0.367	0.802
x11	136.1521	276.769	0.034	0.870
x12	135.0730	291.983	0.380	0.803
x13	136.280	297.535	0.169	0.807
x14	135.1528	288.390	0.448	0.801
x15	135.6814	292.127	0.392	0.803
x16	134.5119	292.201	0.441	0.802
x17	134.0780	296.191	0.281	0.805
x18	135.0954	293.895	0.333	0.804
x20	136.4720	291.425	0.390	0.802
x21	136.1278	291.006	0.392	0.802
x22	136.5293	293.036	0.354	0.803
x23	136.4944	307.027	−0.166	0.811
x24	136.1129	305.464	−0.159	0.810
x25	136.0979	304.157	0.035	0.809
x26	136.3523	306.603	−0.153	0.811
x27	136.4296	306.569	−0.144	0.811
x28	136.3972	304.505	−0.021	0.810
x29	134.0356	291.617	0.396	0.802
x30	134.255	290.373	0.399	0.802
x31	134.3573	286.670	0.494	0.799
x32	134.4969	286.367	0.431	0.800
x33	134.5842	287.895	0.547	0.799
x34	135.1303	287.549	0.516	0.799
x35	134.5368	289.309	0.505	0.800
x36	134.6291	289.481	0.506	0.8
x37	136.8809	306.252	−0.143	0.811
x38	136.7887	305.278	−0.058	0.811
x39	136.9632	304.852	−0.049	0.810
x40	137.0181	304.143	0.018	0.809
x41	135.4919	283.855	0.616	0.797

变量	删除项目的 比例均值	删除项目的 比例变化	校正的总体 相关系数	删除项目后的 克隆巴赫系数
x42	135.4795	284.4	0.609	0.797
x43	135.6690	284.412	0.570	0.798
x46	134.2800	291.396	0.409	0.802
x47	134.3049	287.826	0.468	0.800
x48	134.4071	290.364	0.424	0.802
x49	136.4371	308.673	−0.267	0.812
x50	136.4146	306.890	−0.164	0.811
x51	136.4919	308.258	−0.237	0.812
x53	136.2600	306.126	−0.138	0.810
x54	136.4844	306.879	−0.158	0.811
x55	136.4296	299.401	0.286	0.806
x60	134.6765	288.523	0.422	0.801
x61	134.5044	289.009	0.427	0.801
x62	134.5742	286.764	0.477	0.800
x63	134.3049	288.752	0.413	0.801

表 5-13 是调研问卷单选题题项的内部一致性 α 系数,其数值等于 0.808,表示调研问卷题项的内部一致性非常好,是一个信度非常好的量表。

表 5-14 是题项总体统计量表,表格的最后一列是"题项删除时的克隆巴赫 α 系数",表示该题项删除后,整个调研问卷的 α 系数改变情况,若是删除某个题项后,调研问卷的内部一致性 α 系数反而变大,则此题项所要测量的内容特质与其余调研问卷所要测量的特质并不相同,根据表 5-14 显示的结果,除 x11 题项之外,单选题题项删除时的克隆巴赫 α 系数与调研问卷的一致性 α 系数值很接近或相等,说明各题项的检测信度尚佳。

第六章　我国农户可行能力测度与组内比较研究

第一节　测度方法选择

科学合理地测度农户的可行能力水平是实证研究金融科技、贫困与农户可行能力关系的基本前提,本节在参考和借鉴已有研究成果的基础上,构建测度农户可行能力的指标体系,然后利用调研数据,借助 SPSS 20.0 统计分析软件,运用主成分分析法,测算我国农户可行能力的综合水平,并进行简要的分析。

首先,根据第五章中表 5-1 提出的指标体系,选择出与农户可行能力理论相对应的指标,主要包括:人力资产、社会资产、自然资产、物质资产、金融资产、精神资产及保障性资产 7 个大类下的 36 个具体指标,详见表 6-1。

表 6-1　农户可行能力测度指标

可行能力测量		
一级指标	二级指标	测量指标
z1 人力资产	y1 身体状况	x1.您的身体健康程度如何
	y3 知识状况	x3.您的受教育程度
		x4.您接受社会各类培训的次数（1—4 次赋值 1—4;5 次以上赋值为 5）
z2 社会资产	y4 人脉资源	x5.家庭子女数量
		x7.您的亲朋好友里面属于高收入群体的人数有多少?
	y5 就业机会	x8.您所在地区政府提供的就业机会多吗?
		x9.您所在地区企业提供的就业机会多吗?
		x10.您所在地区自主创业者多吗?
z3 自然资产	y7 生活环境状态	x12.水资源丰富程度 x13.矿产资源丰富程度 x14.树木等绿色资源丰富程度
z4 物质资产	y8 基础资料情况	x15.每年购买新衣的频率 x16.您家庭人均口粮充足程度 x17.您现在居住的房屋等级情况 x18.您目前居住的房屋面积多大 x19.您出行的主要交通工具
	y9 生产资料情况	x20.您每年购置种子的花费大约多少钱? x21.您每年购置化肥的花费大约多少钱? x22.您每年购置农用工具的花费大约多少钱?
z5 金融资产	y10 存款情况	x23.您有银行存款吗?
	y11 股权投资	x24.您有参股投资吗?
	y12 借款情况	x26.您有借款尚未收回吗?
	y13 贷款情况	x27.您有贷款吗?
z6 精神资产	y14 思想意识	x29.您主动脱贫的意愿程度 x30.您平时寻找就业机会的意愿程度 x31.您平时学习技能的意愿程度 x32.您从事自主创业的意愿程度
	y15 情感交流	x33.您平时对事物感兴趣的程度 x34.您对目前身处的生活状态的满意程度 x35.您与亲朋邻里交流的意愿程度
	y16 自控力	x36.您遇事的自控能力如何?

续表

可行能力测量		
z7 保障性资产	y17 信用程度	x37.您答应别人的事一定能做到
	y18 信息渠道	x41.您在就业方面的信息获取渠道多吗？ x42.您在产品价格方面的信息获取渠道多吗？ x43.您在技能培训方面的信息获取渠道多吗？
	y19 保险	x44 您都参加了哪些保险项目？（多选题）

其次,利用本次调研获得的农户数据,分别对表6-1所提出的7大类36个指标进行降维处理,即因素分析,因素抽取的具体方法为主成分分析法,选用的转轴方法为最大变异法,每一大类指标体系的数据限定抽取一个共同因素,应用SPSS 20.0统计分析软件的处理结果如下。

一、人力资产

表6-2 人力资产指标取样适切性量数与巴特利特球形检验

抽样充足的取样适切性量数值		0.794
巴特利特球形试验	卡方约数	78.488
	自由度	3
	p 值	0

表6-2为人力资产指标的取样适切性量数与巴特利特球形检验的结果,其中取样适切性量数是取样适当性量数,当取样适切性量数值越接近1时,表示变量间的共同因素越多,越适合进行因素分析。如果取样适切性量数值小于0.50,说明较不宜进行因素分析,此处的取样适切性量数值为0.794,即取样适切性量数值大于0.50,说明变量间存在共同因素,较适合进行因素抽取。

此外,巴特利特球形检验的卡方值为 78.488,显著性概率 p = 0.000<0.050,达到 0.05 的显著性水平,表明适合进行因素分析。

表 6-3 人力资产指标解释总变异量

成分	初始特征值			平方和负荷量萃取		
	总和	方差的百分比（%）	累计百分比（%）	总计	变动百分比（%）	累计百分比（%）
1	1.523	50.773	50.773	1.523	50.773	50.773
2	0.817	27.236	78.008			
3	0.66	21.992	100			

表 6-3 为采用主成分分析法对人力资产类指标抽取主成分的结果,表格中共有三大列,第一列为成分,第二列为初始特征值,第三列为平方和负荷量萃取。初始特征值中的"总和"直列的数字为每一主成分的特征值,特征值越大表示该主成分在解释人力资产指标的变异量时越重要;第二直列"方差的百分比"为每一个抽取因素可解释变量的变异量。由于特征值是由大至小排列,所以第一个共同因素的解释变异量通常是最大者,又由于限定只抽取一个共同因素,所以第一个共同因素即为抽取出的共同因素,这一主成分可以解释 50.773% 的变异量。

表 6-4 人力资产指标成分矩阵

变量	成分
	1
x3	0.765
x1	0.731
x4	0.635

表 6-4 为 3 个人力资产指标在 1 个主成分因素上的因素矩阵（即原始因素负荷量矩阵），因素矩阵中的数值为各指标变量在主成分因素的因素负荷量，该因素负荷量类似于回归分析中的回归系数权数，因素负荷量数值越大表示指标变量与共同因素间的关联越大。

因此，我们记 $z1$ 为人力资产值，以因素负荷量为人力资产各指标（$x1$、$x3$、$x4$）对人力资产值 $z1$ 的权数，则人力资产值 $z1 = (0.765/2.131)x3 + (0.731/2.131)x1 + (0.635/2.131)x4$。根据调查问卷数据求平均值可得：$x1 = 3.848$；$x3 = 4.259$；$x4 = 1.793$，从而可知我国农户人力资产综合值为 3.383，处于一般偏上状态，说明整体上我国农户可行能力中人力资产能力相对一般。

二、社会资产

表 6-5 为社会资产指标的取样适切性量数与巴特利特球形检验的结果，此处的取样适切性量数值为 0.665，即取样适切性量数值大于 0.50，说明变量间存在共同因素，较适合进行因素抽取。

表 6-5　社会资产指标取样适切性量数与巴特利特球形检验

抽样充足的取样适切性量数值		0.665
巴特利特球形试验	卡方约数	432.484
	自由度	10
	p 值	0

此外，巴特利特球形检验的卡方值为 432.484，显著性概率 $p = 0.000 < 0.050$，达到 0.05 的显著性水平，表明适合进行因素分析。

表 6-6 为采用主成分分析法对社会资产类指标抽取主成分的结果，表格中共有三大列，第一列为成分，第二列为初始特征值，

第三列为平方和负荷量萃取。初始特征值中的"总和"直列的数字为每一主成分的特征值,特征值越大表示该主成分在解释社会资源指标的变异量时越重要;第二直列"方差的百分比"为每一个抽取因素可解释变量的变异量。由于特征值是由大至小排列,所以第一个共同因素的解释变异量通常是最大者,又由于限定只抽取一个共同因素,所以第一个共同因素即为抽取出的共同因素,这一主成分可以解释 45.112% 的变异量。

表6-6　社会资产指标解释总变异量

成分	初始特征值			平方和负荷量萃取		
	总和	方差的百分比（%）	累计百分比（%）	总计	变动百分比（%）	累计百分比（%）
1	2.256	45.112	45.112	2.256	45.112	45.112
2	1.002	20.045	65.157			
3	0.843	16.87	82.027			
4	0.608	12.163	94.19			
5	0.291	5.81	100			

表6-7为5个社会资产指标在1个主成分因素上的因素矩阵(即原始因素负荷量矩阵),因素矩阵中的数值为各指标变量在主成分因素的因素负荷量,该因素负荷量类似于回归分析中的回归系数权数,因素负荷量数值越大,表示指标变量与共同因素间的关联越大。

表6-7　社会资产指标成分矩阵

变量	成分
	1
x9	0.89
x8	0.793

续表

变量	成分
	1
x10	0.749
x7	0.496
x5	0.165

因此,我们记 z2 为社会资产值,以因素负荷量为社会资产各指标(x5、x7、x8、x9、x10)对社会资产值 z2 的权数,则社会资源值 z2=0.288x9+0.256x8+0.242x10+0.160x7+0.054x5。对调查数据均值化可知:x5=2.251;x7=2.535;x8=2.599;x9=2.746;x10=2.705,由此可知,我国农户可行能力中社会资产的综合值为2.639,处于较弱水平,说明我国农户整体社会资产偏弱。

三、自然资产

表 6-8 为自然资产指标的取样适切性量数与巴特利特球形检验的结果,此处的取样适切性量数值为 0.637,即取样适切性量数值大于 0.50,说明变量间存在共同因素,较适合进行因素抽取。

表6-8 自然资产指标取样适切性量数与巴特利特球形检验

抽样充足的取样适切性量数值		0.637
巴特利特球形试验	卡方约数	178.335
	自由度	3
	p 值	0

此外,巴特利特球形检验的卡方值为 178.335,显著性概率

p=0.000<0.050,达到0.05的显著性水平,表明适合进行因素分析。

表6-9为采用主成分分析法对自然资产类指标抽取主成分的结果,表格中共有三大列,第一列为成分,第二列为初始特征值,第三列为平方和负荷量萃取。初始特征值中的"总和"直列的数字为每一主成分的特征值,特征值越大表示该主成分在解释自然资产指标的变异量时越重要;第二直列"方差的百分比"为每一个抽取因素可解释变量的变异量。由于特征值是由大至小排列,所以第一个共同因素的解释变异量通常是最大者,又由于限定只抽取一个共同因素,所以第一个共同因素即为抽取出的共同因素,这一主成分可以解释59.738%的变异量。

表6-9 自然资产指标解释总变异量

成分	初始特征值			平方和负荷量萃取		
	总和	方差的百分比（%）	累计百分比（%）	总计	变动百分比（%）	累计百分比（%）
1	1.792	59.738	59.738	1.792	59.738	59.738
2	0.694	23.148	82.886			
3	0.513	17.114	100			

表6-10为3个自然资产指标在1个主成分因素上的因素矩阵(即原始因素负荷量矩阵),因素矩阵中的数值为各指标变量在主成分因素的因素负荷量,该因素负荷量类似于回归分析中的回归系数权数,因素负荷量数值越大,表示指标变量与共同因素间的关联越大。

表 6-10 自然资产指标成分矩阵

变量	成分
	1
x14	0.825
x12	0.754
x13	0.736

因此,我们记 z3 为自然资产值,以因素负荷量为自然资产各指标(x12、x13、x14)对自然资产值 z3 的权数,则自然资产值 z3 = 0.365x14 + 0.322x12 + 0.322x13。对调研数据均值化可知:x12 = 3.200;x13 = 2.663;x14 = 3.254,则我国农户可行能力中自然资产的综合值为 3.046,处于一般水平,说明我国农户所拥有的自然资产较一般。

四、物质资产

表 6-11 为物质资产指标的取样适切性量数与巴特利特球形检验的结果,此处的取样适切性量数值为 0.718,即取样适切性量数值大于 0.50,说明变量间存在共同因素,较适合进行因素抽取。

表 6-11 物质资产指标取样适切性量数与巴特利特球形检验

抽样充足的取样适切性量数值		0.718
巴特利特球形试验	卡方约数	942.047
	自由度	28
	p 值	0

此外,巴特利特球形检验的卡方值为 942.047,显著性概率 p = 0.000 < 0.050,达到 0.05 的显著性水平,表明适合进行因素分析。

表 6-12 为采用主成分分析法对物质资产类指标抽取主成分的结果，表格中共有三大列，第一列为成分，第二列为初始特征值，第三列为平方和负荷量萃取。初始特征值中的"总和"直列的数字为每一主成分的特征值，特征值越大表示该主成分在解释物质资产指标的变异量时越重要；第二直列"方差的百分比"为每一个抽取因素可解释变量的变异量。由于特征值是由大至小排列，所以第一个共同因素的解释变异量通常是最大者，又由于限定只抽取一个共同因素，所以第一个共同因素即为抽取出的共同因素，这一主成分可以解释 63.567% 的变异量。

表 6-12　物质资产指标解释总变异量

成分	初始特征值			平方和负荷量萃取		
	总和	方差的百分比（%）	累计百分比（%）	总计	变动百分比（%）	累计百分比（%）
1	2.685	33.567	33.567	2.685	33.567	63.567
2	1.799	22.487	56.053			
3	1.001	12.511	68.565			
4	0.766	9.57	78.135			
5	0.673	8.412	86.547			
6	0.538	6.72	93.267			
7	0.325	4.068	97.335			
8	0.213	2.665	100			

表 6-13 为 8 个物质资产指标在 1 个主成分因素上的因素矩阵（即原始因素负荷量矩阵），因素矩阵中的数值为各指标变量在主成分因素的因素负荷量，该因素负荷量类似于回归分析中的回归系数权数，因素负荷量数值越大，表示指标变量与共同因素间的关联越大。

表 6-13　物质资源指标成分矩阵

变量	成分
	1
x20	0.835
x21	0.802
x22	0.768
x16	0.501
x18	0.423
x17	0.385
x15	0.38
x19	0.18

因此,我们记 z4 为物质资产值,以因素负荷量为物质资产各指标($x15$、$x16$、$x17$、$x18$、$x19$、$x20$、$x21$、$x22$)对物质资产值 z4 的权数,则物质资源值 z4 = 0.196x20 + 0.188x21 + 0.180x22 + 0.117x16+0.100x18+0.090x17+0.090x15+0.039x19。由调研数据均值化可知:$x15 = 3.370$;$x16 = 4.024$;$x17 = 4.000$;$x18 = 3.293$;$x19 = 1.328$;$x20 = 1.456$;$x21 = 3.145$;$x22 = 0.981$,可知,我国农户可行能力中物质资产综合得分为 3.108,可见我国农户物质资产基本处于一般水平。

五、金融资产

表 6-14 为金融资产指标的取样适切性量数与巴特利特球形检验的结果,此处的取样适切性量数值为 0.478,即取样适切性量数值接近于 0.50,说明变量间具有共同因素存在,较适合进行因素抽取。

表6-14　金融资产指标取样适切性量数与巴特利特球形检验

抽样充足的取样适切性量数值	0.478	
巴特利特球形试验	卡方约数	38.098
	自由度	6
	p值	0

此外,巴特利特球形检验的卡方值为38.098,显著性概率 p = 0.000<0.050,达到0.05的显著性水平,表明适合进行因素分析。

表6-15为采用主成分分析法对金融资产类指标抽取主成分的结果,表格中共有三大列,第一列为成分,第二列为初始特征值,第三列为平方和负荷量萃取。初始特征值中的"总和"直列的数字为每一主成分的特征值,特征值越大表示该主成分在解释金融资产指标的变异量时越重要;第二直列"方差的百分比"为每一个抽取因素可解释变量的变异量。由于特征值是由大至小排列,所以第一个共同因素的解释变异量通常是最大者,又由于限定只抽取一个共同因素,所以第一个共同因素即为抽取出的共同因素,这一主成分可以解释61.927%的变异量。

表6-15　金融资产指标解释总变异量

成分	初始特征值			平方和负荷量萃取		
	总和	方差的百分比（%）	累计百分比（%）	总计	变动百分比（%）	累计百分比（%）
1	1.277	31.927	31.927	1.277	31.927	61.927
2	1.111	27.777	59.704			
3	0.901	22.534	82.238			
4	0.71	17.762	100			

表 6-16 为 4 个金融资产指标在 1 个主成分因素上的因素矩阵(即原始因素负荷量矩阵)。因素矩阵中的数值为各指标变量在主成分因素的因素负荷量,该因素负荷量类似于回归分析中的回归系数权数,因素负荷量数值越大表示指标变量与共同因素间的关联越大。

表 6-16　金融资产指标成分矩阵

变量	成分
	1
x26	0.768
x24	0.577
x23	0.546
x27	0.239

因此,我们记 z5 为金融资产值,以因素负荷量为金融资产各指标(x23、x24、x26、x27)对金融资产值 z5 的权数,则金融资产值 z5 = 0.361x26 + 0.271x24 + 0.256x23 + 0.112x27。由调研数据的均值化可知:x23 = 1.346;x24 = 1.844;x26 = 1.704;x27 = 1.581,因此,我国农户可行能力中金融资产综合值为 1.600(该项数值 1 表示没有;2 表示有,转换成 5 级制,该数值为 4),可见,我国农户金融资产比较丰富。

六、精神资产

表 6-17 为精神资产指标的取样适切性量数与巴特利特球形检验的结果,此处的取样适切性量数值为 0.862,即取样适切性量数值大于 0.50,说明变量间存在共同因素,较适合进行因素抽取。

表 6-17　精神资产指标取样适切性量数与巴特利特球形检验

抽样充足的取样适切性量数值	0.862	
巴特利特球形试验	卡方约数	1543.366
	自由度	28
	p 值	0

此外,巴特利特球形检验的卡方值为 1543.366,显著性概率 p = 0.000 < 0.050,达到 0.05 的显著性水平,表明适合进行因素分析。

表 6-18 为采用主成分分析法对精神资产类指标抽取主成分的结果,表格中共有三大列,第一列为成分,第二列为初始特征值,第三列为平方和负荷量萃取。初始特征值中的"总和"直列的数字为每一主成分的特征值,特征值越大表示该主成分在解释精神资产指标的变异量时越重要;第二直列"方差的百分比"为每一个抽取因素可解释变量的变异量。由于特征值是由大至小排列,所以第一个共同因素的解释变异量通常是最大者,又由于限定只抽取一个共同因素,所以第一个共同因素即为抽取出的共同因素,这一主成分可以解释 53.16% 的变异量。

表 6-18　精神资产指标解释总变异量

成分	初始特征值			平方和负荷量萃取		
	总和	方差的百分比（%）	累计百分比（%）	总计	变动百分比（%）	累计百分比（%）
1	4.253	53.16	53.16	4.253	53.16	53.16
2	1.183	14.783	67.943			
3	0.639	7.989	75.931			
4	0.566	7.078	83.009			

续表

成分	初始特征值			平方和负荷量萃取		
	总和	方差的百分比（%）	累计百分比（%）	总计	变动百分比（%）	累计百分比（%）
5	0.474	5.931	88.94			
6	0.373	4.659	93.598			
7	0.303	3.787	97.385			
8	0.209	2.615	100			

　　表6-19为8个精神资产指标在1个主成分因素上的因素矩阵（即原始因素负荷量矩阵），因素矩阵中的数值为各指标变量在主成分因素的因素负荷量，该因素负荷量类似于回归分析中的回归系数权数，因素负荷量数值越大，表示指标变量与共同因素间的关联越大。

表6-19　精神资产指标成分矩阵

变量	成分
	1
x31	0.852
x33	0.801
x32	0.763
x30	0.753
x29	0.746
x35	0.703
x36	0.676
x34	0.477

　　因此，我们记 $z6$ 为精神资产值，以因素负荷量为精神资产各指标（x29、x30、x31、x32、x33、x34、x35、x36）对于精神资源值 $z6$ 的

权数, 则精神资产值 z6 = 0.130x29 + 0.131x30 + 0.148x31 + 0132x32+0.139x33+0.083x34+0.0.122x35+0.117x36,对调研数据均值化可知:x29 = 4.021;x30 = 3.771;x31 = 3.817;x32 = 3.253;x33 = 3.614;x34 = 3.313;x35 = 3.429;x36 = 3.477,因此可知我国农户可行能力中精神资产综合值为 3.613,处于一般偏上水平,说明农户精神面貌整体上较好。

七、保障性资产

表 6-20 为保障性资产指标的取样适切性量数与巴特利特球形检验的结果,此处的取样适切性量数值为 0.768,即取样适切性量数值大于 0.50,说明变量间存在共同因素,较适合进行因素抽取。

表 6-20　保障性资产指标取样适切性量数与巴特利特球形检验

抽样充足的取样适切性量数值		0.768
巴特利特球形试验	卡方约数	907.705
	自由度	10
	p 值	0

此外,巴特利特球形检验的卡方值为 907.705,显著性概率 p = 0.000<0.050,达到 0.05 的显著性水平,表明适合进行因素分析。

表 6-21 为采用主成分分析法对保障性资产类指标抽取主成分的结果,表格中共有三大列,第一列为成分,第二列为初始特征值,第三列为平方和负荷量萃取。初始特征值中的"总和"直列的数字为每一主成分的特征值,特征值越大表示该主成分在解释保障性资源指标的变异量时越重要;第二直列"方差的百分比"为每

一个抽取因素可解释变量的变异量。由于特征值是由大至小排列,所以第一个共同因素的解释变异量通常是最大者,又由于限定只抽取一个共同因素,所以第一个共同因素即为抽取出的共同因素,这一主成分可以解释 53.742%的变异量。

表 6-21　保障性资产指标解释总变异量

成分	初始特征值			平方和负荷量萃取		
	总和	方差的百分比（%）	累计百分比（%）	总计	变动百分比（%）	累计百分比（%）
1	2.687	53.742	53.742	2.687	53.742	53.742
2	0.978	19.561	73.303			
3	0.919	18.383	91.686			
4	0.24	4.791	95.477			
5	0.176	3.523	100			

表 6-22 为 5 个保障性资产指标在 1 个主成分因素上的因素矩阵(即原始因素负荷量矩阵),因素矩阵中的数值为各指标变量在主成分因素的因素负荷量,该因素负荷量类似于回归分析中的回归系数权数,因素负荷量数值越大,表示指标变量与共同因素间的关联越大。

表 6-22　保障性资产指标成分矩阵

变量	成分
	1
x41	0.925
x42	0.924
x43	0.901
x44	0.356
x37	0.194

因此,我们记 z7 为保障性资产值,以因素负荷量为保障性资产各指标(x_{37}、x_{41}、x_{42}、x_{43}、x_{44})对保障性资产值 z7 的权数,则保障性资产值 $z_7 = 0.060x_{37} + 0.280x_{41} + 0.280x_{42} + 0.273x_{43} + 0.108x_{44}$,对调研数据进行均值化处理可知:$x_{37} = 3.132$;$x_{41} = 2.967$;$x_{42} = 2.956$;$x_{43} = 2.851$;$x_{44} = 3.087$,可知我国农户可行能力中保障性资产综合得分为 2.960,说明我国农户保障性资产还处于一般水平。

再次,对求得的各项资源值赋予不同的权重,以得出最终的农户可行能力值。在这里记 Z 表示农户可行能力值,使用层次分析法(Analytic Hierarchy Process,AHP)对各项资源值赋予不同的权重。层次分析法是美国运筹学家、匹兹堡大学托马斯·萨蒂(T.L. Saaty)教授在 20 世纪 70 年代初期提出的,层次分析法是对定性问题进行定量分析的一种简便、灵活而又实用的多准则决策方法。它的特点是把复杂问题中的各种因素通过划分为相互联系的有序层次,使之条理化,根据对一定客观现实的主观判断结构(主要是两两比较)把专家意见和分析者的客观判断结果直接而有效地结合起来,将一层次元素两两比较的重要性进行定量描述。而后,利用数学方法计算反映每一层次元素的相对重要性次序的权值,通过所有层次之间的总排序计算所有元素的相对权重并进行排序。

表 6-23 是通过 AHP 方法计算出的各项资源值对于农户可行能力值的权重,根据这一组权重值和各项资源值,我们可以表示出农户可行能力的数值,即 $Z = 0.247z_1 + 0.211z_2 + 0.173z_3 + 0.124z_4 + 0.092z_5 + 0.079z_6 + 0.074z_7 = 3.177$,可见,我国农户可行能力值处于一般水平,还有较大提升空间。

表6-23　应用 AHP 法对各资源指标赋予权重

分项	人力	社会	自然	物质	金融	精神	保障
权重	0.247	0.211	0.173	0.124	0.092	0.079	0.074

第二节　我国农户可行能力现状统计性描述

根据上一节因素分析抽取出的主成分,结合本次调研获得的第一手数据,可以对我国农户的可行能力现状进行不同层面的分析。

一、人力资产

如表6-24所示,身体健康状况一般的农户占比最大,达到42.2%;身体状况良好的农户占比也较多,达到30.9%,表明农户的健康状况尚可,但也有部分农户身体状况非常差,占比为4.7%。

表6-24　健康状况(x1)频数统计量

	程度	频数	有效百分比(%)	累计百分比(%)
	非常差	19	4.7	4.7
	较差	50	12.5	17.2
有效性	一般	169	42.2	59.4
	良好	124	30.9	90.3
	非常健康	39	9.7	100
	总计	401	100	

如表6-25所示,被调研农户的受教育程度显示,超过一半的农户能够接受完成九年义务教育,达到初中文化的水平,占比为

56.6%；初中以上学历的农户占比达到 28.2%，说明有相当比例的农户学历较高，这其中有 8.2% 的农户具有大学及以上学历。但是，仍然有部分农户无法完成义务教育，小学及以下的农户占比为 15.2%。

表 6-25　受教育程度（x3）频数统计量

	程度	频数	有效百分比（%）	累计百分比（%）
有效性	小学及以下	61	15.2	15.2
	初中	227	56.6	71.8
	高中	53	13.2	85
	中专	27	6.8	91.8
	大学及以上	33	8.2	100
	总计	401	100	

根据表 6-26 所示，被调研农户的接受社会培训次数情况显示，超过 70% 的农户在一年中从未接受过社会培训，占农户群体的绝大比重；约四分之一的被调查农户在一年中接受过 1—5 次社会培训；只有约 2% 的农户接受过 6 次以上的社会培训。

表 6-26　接受社会培训次数（x4）频数统计量

	程度	频数	有效百分比（%）	累计百分比（%）
有效性	0 次	289	72.1	72.1
	1—5 次	104	25.9	98.0
	6—9 次	2	0.5	98.5
	10 次及以上	6	1.5	100
	总计	401	100	

二、社会资产

在我国乡村社会保障不足的前提下，子女数量可以作为衡量家庭人力资本的指标。如表 6-27 所示，农户家庭有 2 个孩子的情况最多，占比达到 54.8%；有 4 个及以上子女的家庭也有相当比例，达到 10%；没有子女的家庭占比为 5.5%，这些家庭可能面临缺乏养老保障的问题。

表 6-27　子女数量(x5)频数统计量

	程度	频数	有效百分比(%)	累计百分比(%)
有效性	0 个	22	5.5	5.5
	1 个	46	11.5	17
	2 个	220	54.8	71.8
	3 个	73	18.2	90
	4 个及以上	40	10.0	100
	总计	401	100	

高收入群体数量统计的是农户社会关系中在政府事业单位任职，或在企业担任高级管理人员，或者自主创业的人员，属于农户的社会人力资本。如表 6-28 所示，农户社会关系中的高收入数量偏少，表现在没有高收入人员的农户占比最多，达到 49.4%；只有 1—3 个高收入人员的农户占比为 36.2%，少数农户社会关系的高收入人数较多，有 3.5% 的农户社会关系高收入人数达到 9 个以上。

表 6-28　高收入群体数量(x7)频数统计量

	程度	频数	有效百分比(%)	累计百分比(%)
有效性	0 个	198	49.4	49.4
	1—3 个	145	36.2	85.6
	4—6 个	33	8.2	93.8
	7—9 个	11	2.7	96.5
	9 个以上	14	3.5	100
	总计	401	100	

如表6-29所示,401名农户中认为政府提供的就业机会非常少的有130名,占比为32.4%;认为政府提供的就业机会较少的有82名,占比为20.5%;认为政府提供的就业机会一般的有146名,占比为36.4%。总体来看,认为政府提供的就业机会偏少的农户占比接近90%。

表6-29 政府提供就业机会(x8)频数统计量

	程度	频数	有效百分比(%)	累计百分比(%)
有效性	非常少	130	32.4	32.4
	较少	82	20.5	52.9
	一般	146	36.4	89.3
	较多	35	8.7	98
	非常多	8	2	100
	总计	401	100	

如表6-30所示,所有农户中认为企业提供的就业机会非常少的有95名,占比为23.7%;认为企业提供的就业机会较少的有79名,占比为19.7%;认为企业提供的就业机会一般的有141名,占比为35.2%。总体来看,认为企业提供的就业机会偏少的农户占比接近80%。

表6-30 企业提供就业机会(x9)频数统计量

	程度	频数	有效百分比(%)	累计百分比(%)
有效性	非常少	95	23.7	23.7
	较少	79	19.7	43.4
	一般	141	35.2	78.6
	较多	73	18.2	96.8
	非常多	13	3.2	100
	总计	401	100	

如表 6-31 及图 6-1 所示，所有农户中认为自主创业者的数量多少情况接近正态分布。综合分析来看，我国农户的就业机会情况并不乐观，农户普遍认为政府和企业提供的就业机会偏少，而政府相比于企业提供的机会更少，农户对自主创业的机会比较认同。

表 6-31　自主创业就业机会（x10）频数统计量

	程度	频数	有效百分比（%）	累计百分比（%）
有效性	非常少	66	16.5	16.5
	较少	80	20	36.5
	一般	142	35.4	71.9
	较多	82	20.4	92.3
	非常多	31	7.7	100
	总计	401	100	

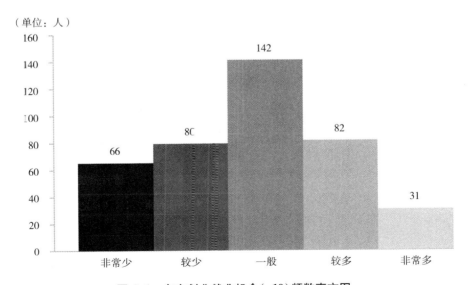

图 6-1　自主创业就业机会（x10）频数直方图

三、自然资产

如表 6-32 所示,认为水资源丰富程度一般和较好的农户分别占比为 56.3% 和 20.7%,表明农户所处的地区水资源丰富程度尚可。

表 6-32　水资源(x12)频数统计量

	程度	频数	有效百分比(%)	累计百分比(%)
有效性	非常差	34	8.5	8.5
	较差	44	11.0	19.5
	一般	226	56.3	75.8
	较好	83	20.7	96.5
	非常好	14	3.5	100
	总计	401	100	

如表 6-33 所示,认为矿产资源丰富程度非常差的农户占比最多,为 54.4%,认为较差的占比为 20.2%。由此可见,农户对所处地区矿产资源的评价比较低,这可能与调研对象所处的地区相关。

表 6-33　矿产资源(x13)频数统计量

	程度	频数	有效百分比(%)	累计百分比(%)
有效性	非常差	218	54.4	54.4
	较差	81	20.2	74.6
	一般	72	17.9	92.5
	较好	28	7.0	99.5
	非常好	2	0.5	100
	总计	401	100	

如图 6-2 所示,农户对所处地区的森林资源丰富情况的评价

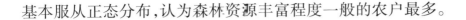

基本服从正态分布,认为森林资源丰富程度一般的农户最多。

（单位：人）

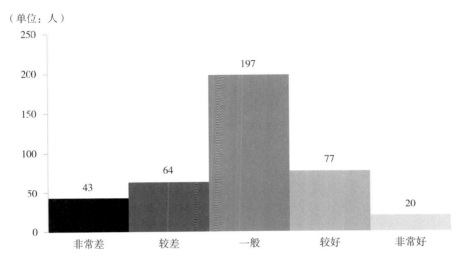

图 6-2　森林资源(x14)频数直方图

四、物质资产

如表 6-34 所示,占比为 63.6% 的大部分农户在一年中购置新衣的次数为 1—2 次,表明大部分农户在衣着方面的花费偏少,只能满足最基本的衣着需要;同时,还有 6.5% 的小部分农户一年中不能添置新衣,可能依然面临保暖方面的问题。

表 6-34　购买新衣(x15)频数统计量

	程度	频数	有效百分比(%)	累计百分比(%)
有效性	0 次	26	6.5	6.5
	1—2 次	255	63.6	70.1
	3—4 次	70	17.4	87.5
	5—6 次	38	9.5	97
	7 次以上	12	3.0	100
	总计	401	100	

如表 6-35 所示,农户在食物方面的物质状况尚可,有 38.2%
的农户认为口粮状况一般,有 49.1% 的农户认为口粮充足,合计
占农户总数的 87.3%;但是仍然有 3.3% 的农户缺粮、2.2% 的农户
处于非常缺粮的状态,依然没有解决食物问题。

表 6-35　口粮充足程度(x16)频数统计量

	程度	频数	有效百分比(%)	累计百分比(%)
有效性	非常缺粮	9	2.2	2.2
	缺粮	13	3.3	5.5
	一般	153	38.2	43.7
	充足	197	49.1	92.8
	非常充足	29	7.2	100
	总计	401	100	

如表 6-36、表 6-37 所示,在农户的住房条件方面,占 61.6%
的大部分农户住在维护较好的老房中,占 22.2% 的相当比例的农
户住在新房中,表明农户的住房条件尚可;从住房面积看,46.6%
的农户住房面积在 61—100 平方米,28.7% 的农户住房面积在 101
平方米及以上,住房的面积条件较好。但同时,仍然有 5.5% 的农
户处于无房或者租房的状态。

表 6-36　住房等级(x17)频数统计量

	程度	频数	有效百分比(%)	累计百分比(%)
有效性	无房	5	1.2	1.2
	租住	17	4.3	5.5
	破旧残的老房	43	10.7	16.2
	维护较好的老房	247	61.6	77.8
	新房	89	22.2	100
	总计	401	100	

表 6-37　住房面积（x18）频数统计量

	程度	频数	有效百分比（%）	累计百分比（%）
有效性	0—30 平方米	26	6.5	6.5
	31—60 平方米	73	18.2	24.7
	61—100 平方米	187	46.6	71.3
	101 平方米及以上	115	28.7	100
	总计	401	100	

如表 6-38、表 6-39、表 6-40 所示，农户在生产资料方面的投入并不乐观，具体表现在投入金额较少的农户占比较高，在购置种子和农用工具方面，投入资金在 1000 元/年以下的农户占比分别为 62.6% 和 64.8%，均超过 60%；在购置化肥方面，投入资金在 3000 元/年以下的农户占比为 78.1%，接近 80%。可以看出农户在生产资料投入方面的不足。

表 6-38　购置种子（x20）频数统计量

	程度	频数	有效百分比（%）	累计百分比（%）
有效性	0—1000 元	251	62.6	62.6
	1001—3000 元	88	21.9	84.5
	3001—5000 元	34	8.5	93.0
	5001 元及以上	28	7.0	100
	总计	401	100	

表 6-39　购置化肥（x21）频数统计量

	程度	频数	有效百分比（%）	累计百分比（%）
有效性	0—1000 元	149	37.2	37.2
	1001—3000 元	164	40.9	78.1
	3001—5000 元	50	12.4	90.5
	5001 元及以上	38	9.5	100
	总计	401	100	

表 6-40　购置农用工具（x22）频数统计量

	程度	频数	有效百分比（%）	累计百分比（%）
有效性	0—1000 元	260	64.8	64.8
	1001—3000 元	92	23.0	87.8
	3001—5000 元	22	5.5	93.3
	5001 元及以上	27	6.7	100
	总计	401	100	

五、金融资产

如表 6-41 所示，相当大比例的农户（57.6%）没有银行存款，只有不到一半的农户表明自己有银行存款，占比为 42.4%。这一现状一方面表明农户在物质资源方面的贫困，另一方面可能是农户出于维护自身安全的需要而回答得非常保守。

表 6-41　银行存款（x23）频数统计量

	程度	频数	有效百分比（%）	累计百分比（%）
有效性	有	170	42.4	42.4
	没有	231	57.6	100
	总计	401	100	

如表 6-42 所示，绝大部分的农户（95.8%）没有参股投资，只有 4.2% 的农户表示自己参与了股份投资。这一现状表明农户在参与资本市场方面的机会非常少，不能利用资本市场进行投资或产生收益。

表 6-42　参股投资（x24）频数统计量

	程度	频数	有效百分比（%）	累计百分比（%）
有效性	有	17	4.2	4.2
	没有	384	95.8	100
	总计	401	100	

如表 6-43 所示,有相当比例的农户有对外放款没有收回,这部分农户占比为 28.2%,这一现象说明有相当比例的农户能够有余钱对外拆出,同时也表明农户的投资渠道不通畅,不能将多余的资金投入正规的金融市场。

表 6-43　对外放款(x26)频数统计量

	程度	频数	有效百分比(%)	累计百分比(%)
有效性	有	113	28.2	28.2
	没有	288	71.8	100
	总计	401	100	

如表 6-44 所示,大部分农户没有获得或申请银行贷款,这部分农户占比为 64.1%,可能说明农户在获得银行贷款方面有困难,或者不愿意背负贷款。

表 6-44　银行贷款(x27)频数统计量

	程度	频数	有效百分比(%)	累计百分比(%)
有效性	有	144	35.9	35.9
	没有	257	64.1	100
	总计	401	100	

六、精神资产

精神资产这一因素反映农户脱贫的意愿、寻找就业机会、获得技能、自主创业的意愿,以及情感交流和自控能力。

如表 6-45 所示,全体农户中脱贫意愿较强和非常强的农户分别为 174 名和 133 名,占比为 43.4% 和 33.2%,合计占到农户总数的 75% 以上,表明我国农户在主观脱贫意愿上比较积极。

表6-45　脱贫意愿（x29）频数统计量

	程度	频数	有效百分比（%）	累计百分比（%）
有效性	非常弱	6	1.5	1.5
	较弱	13	3.2	4.7
	一般	75	18.7	23.4
	较强	174	43.4	66.8
	非常强	133	33.2	100
	总计	401	100	

　　如表6-46、表6-47、表6-48所示，我国农户在寻找就业机会、接受技能培训和自主创业方面的意愿偏强，在寻找就业机会方面，意愿较强和非常强的有271名，占比为67.6%；在学习技能方面，意愿较强和非常强的有243名，占比为60.6%；在自主创业方面，意愿比较强和非常强的有225名，占比为56.1%。

表6-46　寻找就业机会意愿（x30）频数统计量

	程度	频数	有效百分比（%）	累计百分比（%）
有效性	非常弱	13	3.2	3.2
	较弱	17	4.3	7.5
	一般	100	24.9	32.4
	较强	172	42.9	75.3
	非常强	99	24.7	100
	总计	401	100	

表6-47　学习技能意愿（x31）频数统计量

	程度	频数	有效百分比（%）	累计百分比（%）
有效性	非常弱	12	3.0	3.0
	较弱	28	7.0	10.0
	一般	118	29.4	39.4
	较强	148	36.9	76.3
	非常强	95	23.7	100
	总计	401	100	

表6-48 自主创业意愿(x32)频数统计量

	程度	频数	有效百分比(%)	累计百分比(%)
	非常弱	30	7.5	7.5
	较弱	29	7.2	14.7
有效性	一般	117	29.2	43.9
	较强	131	32.7	76.6
	非常强	94	23.4	100
	总计	401	100	

如表6-49、表6-50所示,在对待生活的态度方面,我国农户的表现比较积极,主要反映在对事物的感兴趣程度和与邻里的交流意愿方面均较强。

表6-49 对事物感兴趣程度(x33)频数统计量

	程度	频数	有效百分比(%)	累计百分比(%)
	非常弱	2.2	2.2	2.2
	较弱	20	5.0	7.2
有效性	一般	186	46.4	53.6
	较强	139	34.7	88.3
	非常强	47	11.7	100
	总计	401	100	

表6-50 交流意愿(x35)频数统计量

	程度	频数	有效百分比(%)	累计百分比(%)
	非常弱	7	1.7	1.7
	较弱	20	5.0	6.7
有效性	一般	175	43.7	50.4
	较强	150	37.4	87.8
	非常强	49	12.2	100
	总计	401	100	

如图 6-3 所示,我国农户对生活状态的满意度表现基本呈现正态分布,大部分农户对生活状态的满意程度一般,这与大部分农户的脱贫意愿较强形成呼应,即我国大部分农户渴望脱贫以改变目前的生活状态。

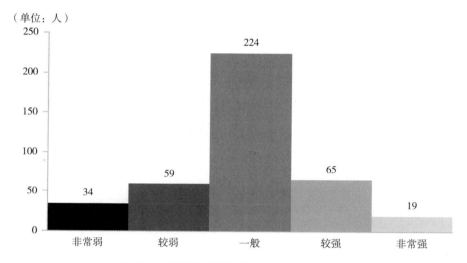

图 6-3　生活状态满意度(x34)频数直方图

如表 6-51 所示,农户对自身的自控能力比较认同,有 35.9% 的农户认为自己的自控能力较强,有 9.5% 的农户认为自己的自控能力非常强。

表 6-51　自控能力(x36)频数统计量

	程度	频数	有效百分比(%)	累计百分比(%)
有效性	非常弱	6	1.5	1.5
	较弱	31	7.7	9.2
	一般	182	45.4	54.6
	较强	144	35.9	90.5
	非常强	38	9.5	100
	总计	401	100	

七、保障性资产

如表 6-52 所示,农户在社会信用方面的自我评价较高,表示能够坚守承诺的农户占比为 81.5%,超过 80%;也有部分农户承认自己的社会信用程度较低,其中不能坚守承诺的占比为 0.5%。

表 6-52　坚守承诺(x37)频数统计量

	程度	频数	有效百分比(%)	累计百分比(%)
	能	327	81.5	81.5
有效性	不一定	72	18	99.5
	不能	2	0.5	100
	总计	401	100	

如表 6-53、表 6-54、表 6-55 所示,农户在就业信息获取、产品价格信息获取和技能培训信息获取的情况均较差,在三种信息的获取渠道方面,认为数量非常少、较少和一般的农户在农户总体中占比均超过 80%,分别为 84.3%、85.1%、87.5%。

表 6-53　就业信息获取(x41)频数统计量

	程度	频数	有效百分比(%)	累计百分比(%)
	非常少	47	11.7	11.7
	较少	148	36.9	48.6
有效性	一般	143	35.7	84.3
	较多	53	13.2	97.5
	非常多	10	2.5	100
	总计	401	100	

表 6-54 产品价格信息获取(x42)频数统计量

	程度	频数	有效百分比(%)	累计百分比(%)
有效性	非常少	47	11.7	11.7
	较少	139	34.7	46.4
	一般	155	38.7	85.1
	较多	51	12.7	97.8
	非常多	9	2.2	100
	总计	401	100	

表 6-55 技能培训信息获取(x43)频数统计量

	程度	频数	有效百分比(%)	累计百分比(%)
有效性	非常少	81	20.2	20.2
	较少	136	33.9	54.1
	一般	134	33.4	87.5
	较多	42	10.5	98.0
	非常多	8	2	100
	总计	401	100	

通过对农户参与社会保险和商业保险的情况(x44)进行数据分析,我们发现:参与调研的大部分农户参加了养老保险和医疗保险两种社会保险,参加养老保险的农户占比为73.6%,参加医疗保险的农户占比为84.5%;小部分农户参加了其他社会保险,如参加工伤保险的农户占比为12.2%,参加生育保险的农户占比为3.5%,参加住房公积金的农户占比为4%;此外,也有少部分农户参加了商业保险项目,这部分农户占比为12.7%。这一情况说明,我国农户在社会保险的获取方面情况良好,在商业保险获取方面也有广阔的发展空间。

根据第一节中描述的农户可行能力的测度方法,对调研的全体农户进行的测度结果显示:农户可行能力水平的均值为1.6314,标准差为0.297,最小值为0.91、最大值为2.66。农户的可行能力水平不符合正态分布,正态性检验结果见表6-56。

如表6-56所示,农户可行能力的 KS 统计量为0.047,显著性概率值 p=0.031<0.05,表示农户可行能力的分布不是正态分布。

表 6-56　可行能力 Z 正态性检验

项目	柯尔莫哥洛夫·斯米尔诺夫检验法			夏皮洛·威尔克检验法		
	统计量	自由度	p 值	统计量	自由度	p 值
Z 值	0.047	401	0.031	0.993	401	0.046

第三节　我国农户可行能力组内差异性比较分析

根据参加调研的农户的人均年收入,将所有农户划分为四个小组,具体包括贫困户(人均年收入3600元以下)、脱贫户(人均年收入3601—16000元)、小康户(人均年收入16001—60000元)、富裕户(60001元及以上)。对比不同组别的农户的可行能力水平Z值,可以发现:

一、脱贫户的可行能力水平显著高于贫困户

经计算,脱贫户和贫困户的可行能力水平平均值分别是1.6508和1.5243(见表6-57),应用独立样本 t 检验方法对脱贫户和贫困户的可行能力水平 Z 进行检验。

表 6-57　脱贫户与贫困户

组别	样本量	均值	标准差	标准误
贫困户	156	1.5243	0.26612	0.02131
脱贫户	171	1.6508	0.28183	0.02155

如表 6-58 所示,经方差齐性检验法的 F 值检验结果,F 值为 1.579,p=0.21>0.050,未达到 0.05 的显著性水平,表示两组的方差相等,此时 t 检验数据要看第一栏"方差齐性假设"中的数值,t 值统计量等于-4.163,显著性概率值 p=0.000<0.050,达到 0.05 的显著水平,表明两组数据平均数有显著差异,即脱贫户的可行能力水平显著高于贫困户。

表 6-58　脱贫户与贫困户 t 检验

假设条件	方差齐性检验		独立样本 t 检验						
	F 值	p 值	t 值	自由度	双尾显著性	均差	标准差	95%的置信区间	
								下限	上限
方差齐性假设	1.579	0.21	-4.163	325	0	-0.12649	0.03039	-0.18627	-0.06671
方差非齐性假设			-4.174	324.609	0	-0.12649	0.03031	-0.18611	-0.06687

二、小康户的可行能力水平显著高于脱贫户

小康户和脱贫户的可行能力水平平均值分别为 1.7830 和 1.6508(见表 6-59),应用独立样本 t 检验方法对小康户和脱贫户的可行能力水平 Z 进行检验:

表 6-59 脱贫户与小康户

组别	样本量	均值	标准差	标准误
脱贫户	171	1.6508	0.28183	0.02155
小康户	54	1.7830	0.2773	0.03774

如表 6-60 所示,经方差齐性检验法的 F 值检验结果,F 值为 0.095,p = 0.758>0.050,未达到 0.05 的显著性水平,表示两组的方差相等,此时 t 检验数据要看第一栏"方差齐性假设"中的数值,t 值统计量等于-3.015,显著性概率值 p = 0.003<0.050,达到 0.05 的显著水平,表明两组数据平均数有显著差异,即小康户的可行能力水平显著高于脱贫户。

表 6-60 小康户与脱贫户 t 检验

假设条件	方差齐性检验		独立样本 t 检验					95% 的置信区间	
	F 值	p 值	t 值	自由度	双尾显著性	均差	标准差	下限	上限
方差齐性假设	0.095	0.758	-3.015	223	0.003	-0.13214	0.04383	-0.21851	-0.04578
方差非齐性假设			-3.041	90.225	0.003	-0.13214	0.04346	-0.21848	-0.04581

三、富裕户的可行能力水平与小康户无显著差异

富裕户和小康户的可行能力水平平均值分别是 1.8921 和 1.7830(见表 6-61),应用独立样本 t 检验方法对小康户和脱贫户的可行能力水平 Z 进行检验。

表 6-61　富裕户与小康户

组别	样本量	均值	标准差	标准误
小康户	54	1.7830	0.2773	0.03774
富裕户	20	1.8921	0.34261	0.07661

如表 6-62 所示,经方差齐性检验法的 F 值检验结果,F 值为 0.772,p = 0.382 > 0.050,未达到 0.05 的显著性水平,表示两组的方差相等,此时 t 检验数据要看第一栏"方差齐性假设"中的数值,t 值统计量等于 -1.409,显著性概率值 p = 0.163 > 0.050,未达到 0.05 的显著水平,表明两组数据平均数没有显著差异,即富裕户的可行能力水平与小康户没有显著差异。

表 6-62　富裕户与小康户 t 检验

假设条件	方差齐性检验		独立样本 t 检验					95%的置信区间	
	F 值	p 值	t 值	自由度	双尾显著性	均差	标准差	下限	上限
方差齐性假设	0.772	0.382	-1.409	72	0.163	-0.10917	0.07746	-0.26359	0.04526
方差非齐性假设			-1.278	28.732	0.211	-0.10917	0.0854	-0.2839	0.06557

第四节　控制变量组内差异性比较分析

一、男性与女性可行能力水平的比较

男性与女性可行能力水平的平均值分别是 1.6594 和 1.5703 (见表 6-63),应用独立样本 t 检验方法对男性和女性的可行能力水平 Z 进行检验。

表 6-63　男性与女性

组别	样本量	均值	标准差	标准误
男	275	1.5594	0.30728	0.01853
女	126	1.5703	0.26353	0.02348

如表 6-64 所示,经方差齐性检验法的 F 值检验结果,F 值为 5.188,p = 0.023 < 0.050,达到 0.05 的显著性水平,表示两组的方差不相等,此时 t 检验数据要看第二栏"方差非齐性假设"中的数值,t 值统计量等于 2.979,显著性概率值 p = 0.003 < 0.050,达到 0.05 的显著水平,表明两组数据平均数有显著差异,即男性的可行能力水平显著高于女性的可行能力水平。

表 6-64　男性与女性 t 检验

假设条件	方差齐性检验		独立样本 t 检验					95%的置信区间	
	F 值	p 值	t 值	自由度	双尾显著性	均差	标准差	下限	上限
方差齐性假设	5.188	0.023	2.815	399	0.005	0.0891	0.03166	0.02686	0.15134
方差非齐性假设			2.979	279.722	0.003	0.0891	0.02991	0.03023	0.14798

二、不同年龄组农户可行能力水平的比较

根据参加调研的农户的不同年龄,将所有农户分为不同年龄组别:35 周岁及以下;36—45 周岁;46—55 周岁;56—65 周岁;66 周岁以上。对比不同年龄组别农户的可行能力水平值,可以发现:

(一)35 周岁及以下与 36—45 周岁组

35 周岁及以下的农户可行能力水平的均值为 1.6482,36—45 周岁组的农户可行能力水平的均值为 1.6548(见表 6-65),应用独立样本 t 检验方法对两个组别的农户可行能力水平 Z 进行检验。

表 6-65　35 周岁及以下组与 36—45 周岁组

组别	样本量	均值	标准差	标准误
35 周岁及以下	93	1.6482	0.31785	0.03296
36—45 周岁	105	1.6548	0.28408	0.02772

如表 6-66 所示,经方差齐性检验法的 F 值检验结果,F 值为 1.790,$p = 0.182 > 0.050$,未达到 0.05 的显著性水平,表示两组的方差相等,此时 t 检验数据要看第一栏"方差齐性假设"中的数值,t 值统计量等于 -0.154,显著性概率值 $p = 0.878 > 0.050$,未达到 0.05 的显著水平,表明两组数据平均数没有显著差异,即 35 周岁以下农户的可行能力水平与 36—45 周岁的农户可行能力水平没有显著差异。

表 6-66　35 周岁及以下与 36—45 周岁组 t 检验

假设条件	方差齐性检验		独立样本 t 检验					95%的置信区间	
	F 值	p 值	t 值	自由度	双尾显著性	均差	标准差	下限	上限
方差齐性假设	1.79	0.182	−0.154	196	0.878	−0.00659	0.04278	−0.09096	0.07777
方差非齐性假设			−0.153	185.91	0.878	−0.00659	0.04307	−0.09156	0.07837

(二)36—45 周岁与 46—55 周岁组

36—45 周岁组农户的可行能力水平均值为 1.6548,46—55 周岁组农户的可行能力水平均值为 1.6463(见表 6-67),应用独立样本 t 检验方法对两个组别的农户可行能力水平 Z 进行检验。

表 6-67　36—45 周岁与 46—55 周岁组

组别	样本量	习值	标准差	标准误
36—45 周岁	105	1.6548	0.28408	0.02772
46—55 周岁	147	1.6463	0.2913	0.02403

如表 6-68 所示,经方差齐性检验法的 F 值检验结果,F 值为 0.869,p = 0.352>0.050,未达到 0.05 的显著性水平,表示两组的方差相等,此时 t 检验数据要看第一栏"方差齐性假设"中的数值,t 值统计量等于 0.230,显著性概率值 p = 0.818>0.050,未达到 0.05 的显著水平,表明两组数据平均数没有显著差异,即 36—45 周岁组农户的可行能力水平与 46—55 周岁的农户可行能力水平没有显著差异。

表 6-68　36—45 周岁与 46—55 周岁组 t 检验

假设条件	方差齐性检验		独立样本 t 检验						
	F 值	p 值	t 值	自由度	双尾显著性	均差	标准差	95%的置信区间	
								下限	上限
方差齐性假设	0.869	0.352	0.23	250	0.818	0.00847	0.03684	-0.06408	0.08103
方差非齐性假设			0.231	227.48	0.818	0.00847	0.03669	-0.06381	0.08076

(三)46—55 周岁与 56—65 周岁组

46—55 周岁组农户的可行能力水平均值为 1.6463,56—65 周岁组农户的可行能力水平均值为 1.6020(见表 6-69),应用独立样本 t 检验方法对两个组别的农户可行能力水平 Z 进行检验。

表 6-69　46—55 周岁与 56—65 周岁组

组别	样本量	均值	标准差	标准误
46—55 周岁	147	1.6463	0.2913	0.02403
56—65 周岁	42	1.6020	0.23486	0.03624

如表 6-70 所示,经方差齐性检验法的 F 值检验结果,F 值为 5.169,p = 0.024<0.050,达到 0.05 的显著性水平,表示两组的方差不相等,此时 t 检验数据要看第二栏"方差非齐性假设"中的数值,t 值统计量等于 1.021,显著性概率值 p = 0.310>0.050,未达到 0.05 的显著水平,表明两组数据平均数没有显著差异,即 46—55 周岁组农户的可行能力水平与 56—65 周岁的农户可行能力水平没有显著差异。

表 6-70　46—55 周岁与 56—65 周岁组 t 检验

假设条件	方差齐性检验		独立样本 t 检验						
	F 值	p 值	t 值	自由度	双尾显著性	均差	标准差	95%的置信区间	
								下限	上限
方差齐性假设	5.169	0.024	0.906	187	0.366	0.04438	0.04897	-0.05223	0.14099
方差非齐性假设			1.021	80.59	0.310	0.04438	0.04348	-0.04214	0.1309

（四）56—65 周岁与 66 周岁及以上组

56—65 周岁组农户的可行能力水平均值为 1.6020,66 周岁及以上组农户的可行能力水平均值为 1.2768（见表 6-71）,应用独立样本 t 检验方法对两个组别的农户可行能力水平 Z 进行检验。

表 6-71　56—65 周岁与 66 周岁及以上组

组别	样本量	均值	标准差	标准误
56—65 周岁	42	1.6020	0.23486	0.03624
66 周岁以上	14	1.2768	0.27548	0.07363

如表 6-72 所示,经方差齐性检验法的 F 值检验结果,F 值为 0.626,p = 0.432>0.050,未达到 0.05 的显著性水平,表示两组的方差相等,此时 t 检验数据要看第一栏"方差齐性假设"中的数值,t 值统计量等于 4.297,显著性概率值 p = 0.000<0.050,达到 0.05 的显著水平,表明两组数据平均数有显著差异,即 56—65 周岁组农户的可行能力水平明显高于 66 周岁及以上的农户可行能力水平。

表 6-72　56—65 周岁与 66 周岁及以上组 t 检验

假设条件	方差齐性检验		独立样本 t 检验					95%的置信区间	
	F 值	p 值	t 值	自由度	双尾显著性	均差	标准差	下限	上限
方差齐性假设	0.626	0.432	4.297	54	0	0.32519	0.07569	0.17345	0.47694
方差非齐性假设			3.963	19.69	0.001	0.32519	0.08206	0.15385	0.49654

通过以上分析,我们可以发现不同年龄组的农户在 66 岁以下的各年龄组间的可行能力水平差异不显著,农户的可行能力水平在 66 岁及以上的年龄组出现显著下降,这一结论表明,年龄因素在 66 周岁以下的农户群体中对可行能力水平的影响不明显。

三、不同受教育程度农户可行能力水平的比较

根据参加调研的农户的受教育程度,将所有农户分为不同受教育组别:小学及以下;初中;高中;中专;大学及以上。对比不同受教育组别的农户的可行能力水平值,可以发现:

(一)小学及以下组和初中组

小学及以下组农户的可行能力水平均值为 1.3735,初中组农户的可行能力水平均值为 1.6130(见表 6-73),应用独立样本 t 检验方法对两个组别的农户可行能力水平 Z 进行检验。

表 6-73　小学及以下组与初中组

组别	样本量	均值	标准差	标准误
小学及以下	61	1.3735	0.21172	0.02711
初中	227	1.6130	0.26962	0.0179

如表 6-74 所示,经方差齐性检验法的 F 值检验结果,F 值为 1.611,$p = 0.205 > 0.050$,未达到 0.05 的显著性水平,表示两组的方差相等,此时 t 检验数据要看第一栏"方差齐性假设"中的数值,t 值统计量等于 -6.423,显著性概率值 $p = 0.000 < 0.050$,达到 0.05 的显著水平,表明两组数据平均数有显著差异,即小学及以下组农户的可行能力水平明显低于初中组的农户可行能力水平。

表 6-74　小学及以下与初中组 t 检验

假设条件	方差齐性检验		独立样本 t 检验					95% 的置信区间	
	F 值	p 值	t 值	自由度	双尾显著性	均差	标准差	下限	上限
方差齐性假设	1.611	0.205	-6.423	286	0	-0.23951	0.03729	-0.3129	-0.16611
方差非齐性假设			-7.373	117.754	0	-0.23951	0.03248	-0.30383	-0.17518

（二）初中组和高中组

初中组农户的可行能力水平均值为 1.6130,高中组农户的可行能力水平均值为 1.7524(见表 6-75),应用独立样本 t 检验方法对两个组别的农户可行能力水平 Z 进行检验。

表 6-75　初中组与高中组

组别	样本量	均值	标准差	标准误
初中	227	1.6130	0.26962	0.0179
高中	53	1.7524	0.27364	0.03759

如表 6-76 所示,经方差齐性检验法的 F 值检验结果,F 值为 0.344,p = 0.558>0.050,未达到 0.05 的显著性水平,表示两组的方差相等,此时 t 检验数据要看第一栏"方差齐性假设"中的数值,t 值统计量等于-3.379,显著性概率值 p = 0.001<0.050,达到 0.05 的显著水平,表明两组数据平均数有显著差异,即初中组农户的可行能力水平明显低于高中组的农户可行能力水平。

表 6-76　初中组与高中组 t 检验

假设条件	方差齐性检验		独立样本 t 检验					95% 的置信区间	
	F 值	p 值	t 值	自由度	双尾显著性	均差	标准差	下限	上限
方差齐性假设	0.344	0.558	-3.379	278	0.001	-0.13936	0.04125	-0.22056	-0.05816
方差非齐性假设			-3.348	77.332	0.001	-0.13936	0.04163	-0.22225	-0.05647

（三）初中组和中专组

初中组农户的可行能力水平均值为 1.6130,中专组农户的可行能力水平均值为 1.8374(见表 6-77),应用独立样本 t 检验方法对两个组别的农户可行能力水平 Z 进行检验。

表 6-77　初中组与中专组

组别	样本量	均值	标准差	标准误
初中	227	1.6130	0.26962	0.0179
中专	27	1.8374	0.30858	0.05939

如表 6-78 所示,经方差齐性检验法的 F 值检验结果,F 值为 0.112,p = 0.738>0.050,未达到 0.05 的显著性水平,表示两组的方差相等,此时 t 检验数据要看第一栏"方差齐性假设"中的数值,t 值统计量等于 -4.025,显著性概率值 p = 0.000<0.050,达到 0.05 的显著水平,表明两组数据平均数有显著差异,即初中组农户的可行能力水平明显低于中专组的农户可行能力水平。

表 6-78　初中组与中专组 t 检验

假设条件	方差齐性检验		独立样本 t 检验					95%的置信区间	
	F 值	p 值	t 值	自由度	双尾显著性	均差	标准差	下限	上限
方差齐性假设	0.112	0.738	-4.025	252	0	-0.22441	0.05576	-0.33423	-0.1146
方差非齐性假设			-3.618	30.907	0.001	-0.22441	0.06202	-0.35093	-0.0979

（四）高中组和大学及以上组

高中组农户的可行能力水平均值为 1.7524,大学及以上组农户的可行能力水平均值为 1.8720（见表 6-79）,应用独立样本 t 检验方法对两个组别的农户可行能力水平 Z 进行检验。

表 6-79　高中组与大学及以上组

组别	样本量	均值	标准差	标准误
高中	53	1.7524	0.27364	0.03759
大学及以上	33	1.8720	0.23612	0.0411

如表 6-80 所示,经方差齐性检验法的 F 值检验结果,F 值为 0.348,p = 0.557>0.050,未达到 0.05 的显著性水平,表示两组的方差相等,此时 t 检验数据要看第一栏"方差齐性假设"中的数值,t 值统计量等于-2.076,显著性概率值 p = 0.041<0.050,达到 0.05 的显著水平,表明两组数据平均数有显著差异,即高中组农户的可行能力水平显著低于大学及以上组的农户可行能力水平。

表6-80 高中组与大学及以上组 t 检验

假设条件	方差齐性检验		独立样本 t 检验					95%的置信区间	
	F 值	p 值	t 值	自由度	双尾显著性	均差	标准差	下限	上限
方差齐性假设	0.348	0.557	-2.076	84	0.041	-0.11966	0.05765	-0.2343	-0.00501
方差非齐性假设			-2.148	75.434	0.035	-0.11966	0.0557	-0.2306	-0.00871

（五）中专组和大学及以上组

中专组农户的可行能力水平均值为1.8374，大学及以上组农户的可行能力水平均值为1.8720（见表6-81），应用独立样本 t 检验方法对两个组别的农户可行能力水平 Z 进行检验。

表6-81 中专组与大学及以上组

组别	样本量	均值	标准差	标准误
中专	27	1.8374	0.30858	0.05939
大学及以上	33	1.8720	0.23612	0.0411

如表6-82所示，经方差齐性检验法的 F 值检验结果，F 值为0.130，$p=0.720>0.050$，未达到0.05的显著性水平，表示两组的方差相等，此时 t 检验数据要看第一栏"方差齐性假设"中的数值，t 值统计量等于-0.492，显著性概率值 $p=0.625>0.050$，未达到0.05的显著水平，表明两组数据平均数没有显著差异，即中专组农户的可行能力水平与大学及以上组的农户可行能力水平没有显著差异。

表6-82 中专组与大学及以上组 t 检验

假设条件	方差齐性检验		独立样本 t 检验					95%的置信区间	
	F 值	p 值	t 值	自由度	双尾显著性	均差	标准差	下限	上限
方差齐性假设	0.130	0.720	−0.492	58	0.625	−0.0346	0.07033	−0.17538	0.10617
方差非齐性假设			−0.479	47 939	0.634	−0.0346	0.07222	−0.17982	0.11062

通过以上比较分析,我们可以发现受教育程度对农户可行能力水平有显著影响,表现为农户从小学至高中的阶段,受教育程度的提升可以明显提升农户的可行能力水平;在中专及以上的阶段,受教育程度对农户可行能力的影响不再明显。

第五节 我国农户可行能力测度结果分析

本章的主要内容是对农户的可行能力水平进行量化测度,并结合不同因素对我国农户的可行能力水平现状进行简要分析,进一步地,依据不同控制变量对农户的可行能力水平进行分组比较。

对农户的可行能力水平的测度采用的是主成分分析法,对7大类因素36个指标进行因素分析,每一大类指标体系的数据限定抽取一个共同因素,以各指标变量在主成分因素的因素负荷量作为该指标变量在该因素中的权重,据此得出7大类因素的计量模型;再使用层次分析法(AHP 法)对7大类因素值赋予不同的权重,建立可行能力 Z 综合计量模型,进而计算得出农户可行能力的水平值。

　　以不同的控制变量对农户进行分组,并比较不同控制变量水平下的农户可行能力水平,可以发现:(1)农户的可行能力水平在不同的收入组之间有显著差异,但是在小康户与富裕户之间差异不再明显;(2)男性的可行能力水平显著高于女性的可行能力水平;(3)不同年龄组的农户在 66 岁以下的各年龄组间的可行能力水平差异不显著,在 66 岁及以上的年龄组出现显著下降,即年龄因素在 66 周岁以下的农户群体中对可行能力水平的影响不明显;(4)受教育程度对农户可行能力水平有显著影响,表现为农户从小学至高中的阶段,受教育程度的提升可以明显提升农户的可行能力水平;在高中及以上的阶段,受教育程度对农户可行能力的影响不再明显。

第七章 金融科技、可行能力与贫困间的影响关系实证研究

我国精准扶贫取得了显著成效，实现了现行标准下 9000 多万农村贫困人口全部脱贫的目标。从历史角度看，贫困又一直是一个持续的过程。脱贫"摘帽"不是终点，而是新生活的起点。后续巩固脱贫时期，国家重点在于寻求持续脱贫的方略。本章将从金融科技视角出发，以农户可行能力结构这一组中介变量为传导，研究其对农户持续增收的作用，从而为我国后续巩固脱贫活动以及乡村振兴战略有效衔接提供量化数据。

第一节 金融科技、可行能力与贫困间的逻辑关系研究

根据第二章研究结论：金融科技创新与农户可行能力结构及其持续增收之间的关系尚不明确，大部分学者仅仅是研究了金融科技创新对农户可行能力结构某一方面的作用关系，主要以定性

分析为主,尚缺乏科学回答,有的学者认为具有正向影响,有的学者认为影响并不显著,还有部分学者持怀疑态度。鉴于此,经课题组多轮专家意见,作出如下假设:

H_{1a}:金融科技创新对农户人力资产具有积极影响;

H_{1b}:金融科技创新对农户社会资产具有正向影响关系;

H_{1c}:金融科技创新对农户自然资产的合理利用具有积极影响;

H_{1d}:金融科技创新可以积极引导农户物质资产优化与增加;

H_{1e}:金融科技创新能够有效提高农户的金融资产利用效率;

H_{1f}:金融科技创新能够极大便利和丰富农户保障性资产;

H_{1g}:金融科技创新对农户精神资产具有积极影响;

H_2:金融科技创新能够有效促进农户持续增收。

学术界基本认为可行能力整体上提升能够直接或间接地影响农户收入。对于本书所界定的七大方面可行能力结构是否都对农户增收具有显著作用尚无系统研究,尤其是可行能力七个层面内部之间是否相互作用还缺少实证研究,也尚无科学结论。但从理论与我国扶贫实践来看可以得到初步的猜想:如以储蓄、投资等形态组成的金融资产的多寡更有利于农户建立社会关系,改善衣食住行等物质资产,积极参与医疗养老等社会保障措施,更具有对自身身体健康、技能培训等方面的需求,同时在精神上应该更具有满足感;物质决定精神,精神又反过来作用于物质,因此物质与精神资产之间应该具有双向循环影响关系;一个地区的自然资产丰富程度应该除了影响其精神面貌外,更主要是可能会影响其社会活动的方方面面和对其收入具有正向引导关系;信息渠道的多寡、医疗养老的稳定性等保障性资产对其社会交往、精神面貌提升、收入增加等都应该具备直接或间接影响;社会资产,尤其是亲属高收入群体多寡对其自身技能提升、收入增加、精神资产丰富等应该具有显著影响;而精神资产丰富,即情感交流、自信等方面提高应该对其收入具有正向影响,同时对其个体的身心健康具有益处;以健康程度、掌握技能为代表的人力资产提升必然会促进其积极增收。鉴于上述基本逻辑分析及专家经验,提出以下假设以备数据检验:

H_3:农户人力资产的增加能够有效促进农户持续增收;

H_4:农户社会资产的增加能够有效促进农户持续增收;

H_5:农户物质资产的增加能够有效促进农户持续增收;

H_6:农户自然资产的增加能够有效促进农户持续增收;

H_7:农户金融资产的增加能够有效促进农户持续增收;

H_8:农户精神资产的增加能够有效促进农户持续增收;

H_9:农户保障性资产的增加能够有效促进农户持续增收;

H_{10}:农户金融资产的增加能够有效促进农户精神资产的增加;

H_{11}:农户金融资产的增加能够有效促进农户物质资产的增加;

H_{12}:农户金融资产的增加能够有效促进农户社会资产的增加;

H_{13}:农户金融资产的增加能够有效促进农户人力资产的增加;

H_{14}:农户金融资产的增加能够有效促进农户保障性资产的增加;

H_{15}:农户物质资产的增加能够有效促进其精神资产的增加;

H_{16}:农户物质资产的增加能够有效促进其人力资产的增加;

H_{17}:农户物质资产的增加能够有效促进其社会资产的增加;

H_{18}:农户社会资产的增加能够有效促进其人力资产的增加;

H_{19}:农户自然资产的增加能够有效促进其精神资产的增加。

第二节　测量指标与样本量确定

通过上述文献综述以及所提出的基本假设,构造了金融科技创新、可行能力结构与农户增收之间的理论模型,具体见图 7-1。

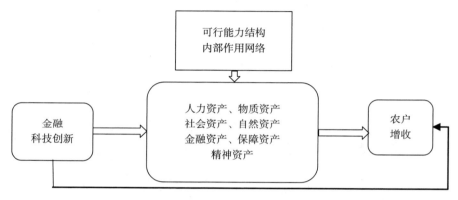

图 7-1　金融科技创新、可行能力结构与农户增收之间关系的理论模型

一、指标选取与问题设计

(一)金融科技创新

结合当前金融科技在我国的发展现实,课题组将其划分为四个构面进行测量,即储蓄科技化普及(x24)、金融科技产品普及(x25)、贷款方式科技化普及(x26)和支付方式科技化普及(x27)。其中,x24 的主要测量题项包括:您觉得银行自助柜员机方便程度如何?您有过网上银行使用经历吗?您觉得网上银行方便程度如何?您觉得银行大堂的自助智能设备便利程度如何?x25 问题包括您了解余额宝等金融科技产品吗?您使用过余额宝等金融科技产品吗?

您觉得这些金融科技产品方便程度如何？x26问题包括您有通过花呗等平台超前消费的经历吗？您觉得这些金融科技平台获取资金便利吗？x27问题包括您一般选择什么方式进行消费支付？

（二）物质资产

可持续生计分析框架对物质资产的定义是：支持生计所需的物品、基础设施和生产资料。结合农户特点，其主要表现在水电与道路基础设施的完备情况（x1）、家庭土地规模（x2）、生产工具现代化程度（x3）和日常衣食住行（x4）四方面。其中，x1的测量题项包括：您家庭用水方便程度如何？您家庭用电便捷吗？您所在乡镇道路畅通吗？x2测量题项主要是：您家庭人均有多少亩土地？x3测量题项包括：您认为您家庭耕种播收的机械化程度如何？您家庭养殖方式的现代化程度如何？x4测量题项包括：您每年购买新衣的频率是多少？您家庭人均口粮充裕程度如何？您现在居住的房屋等级情况如何？面积情况如何？您一般出行的主要交通工具主要包括哪些？

（三）金融资产

可持续生计分析框架对金融资产的定义是：用来实现生计目标的财政资源，体现在农户身上主要包括三方面，即存款情况（x5）、投资情况（x6）和贷款情况（x7）。其中存款和投资涉及农户心理敏感区，问卷采取间接设问方式获取数据。其中x5测量题项包括：您有存款吗？每年收入当中存款的比例倾向？x6包括：您手头闲钱有参股投资吗？回报率如何？您购买股票吗？x7包括：您有亲朋欠款吗？您有银行贷款吗？

（四）自然资产

可持续生计分析框架对自然资产的定义是：用于资源流动和服务的自然资源，包括矿藏资源（x8）、森林资源（x9）和水资源（x10）等。测量题项采取感知价值收集，分别为：您所在乡镇矿藏资源丰富程度如何？山地森林资源丰富程度如何？水资源丰富程度如何？

（五）社会资产

可持续生计分析框架对社会资产的定义是：人们拥有的直接或间接社会资产，包括人与家庭、人与人之间、人与机构之间的关系等。结合该定义，课题组构建了以下四个构面进行二级指标反应。即抚养子女情况（x11）、赡养老人情况（x12）、亲朋中高收入群体个数情况（x13）和提供的就业机会情况（x14）。其中，x11问题主要是您家庭子女数量有多少？x12主要是您需要赡养老人数量有多少？x13问题主要是您亲朋好友里面精英群体的人数有多少？x14测量题项包括：您所在地区政府提供的就业机会多吗？企业提供的多吗？

（六）保障资产

根据阿马蒂亚·森对透明性和防护性保障的阐述，这里指的保障资产主要有三方面，即农户信用程度（x15）、信息获取渠道（x16）和医疗养老参保情况（x17）。其中，x15以信用量表测度，包括：你答应别人的事一定能做到；你不会在网络上随便转发未被验证的信息；跟亲戚朋友借钱你会按时归还；你的银行账户信用良好；x16结合农户特点设计了三个问题,即你在就业方面的信息获取渠道多吗？你在产品价格方面的信息获取渠道多吗？你在技能培训方面的信息获取渠道多吗？x17问题主要是您都参加了哪些保险项目？

（七）精神资产

根据纳斯鲍姆的论述,精神资产主要包括"感觉想象和思考、情感、归属、玩耍","感觉想象和思考"属于意识层面,而"情感、归属、玩耍"则属于情感交流层面,因此本书将精神资产归为两类,即思想意识(x18)和情感交流(x19),采用量表倾向值测算。其中,x18问题包括：您主动脱贫的意愿程度如何？您平时寻找就业机会的意愿程度如何？您平时学习技能的意愿程度如何？您自主创业的意愿程度如何？x19问题包括：您平时对事物感兴趣的程度如何？您对目前身处的生活状态的满意程度如何？（这两个测量题项反映农户的内心情感问题）;您与亲朋邻里经常走动吗？（这一题项反映农户在亲戚朋友当中的归属感）;而对"玩耍"的理解,纳斯鲍姆认为是"能够笑、玩以及享受娱乐活动"这一构面在我国现行政治制度体系下每个人都具有这样的权利,因此本书不将其列为测量指标。

（八）人力资产

可持续生计分析框架对人力资产的定义是：技能、知识、劳动能力和良好的健康。基于此,将人力资产划分为三类,即健康程度(x20)、掌握技能情况(x21)和参与培训情况(x22)。其中x20问题主要是您的身体健康程度如何？x21问题是您熟悉以下哪些技能？x21问题主要是您每年平均接受社会各类培训的次数为多少？

（九）农户增收

年收入 3600 元以下为贫困人口（按 2010 年当年 2300 元脱贫线标准，4.55% 利率 10 年期计算现值为 3588 元），设定为"1"；3601—16000 元为脱贫人口，设定为"2"；16001—60000 元为小康人口（2020 年小康户国家标准家庭收入 6 万—30 万元，按核心家庭 5 口人计算），设定为"3"；60001 元以上为富裕人口，设定为"4"。

（十）金融发展指标

金融发展量表选取金融机构以及金融科技两个方面进行设计，金融机构方面从简化审批流程、强化金融产品宣传、降低优质扶贫贷款利率、希望金融机构参股、尝试能力信用无抵押小额贷款以及金融科技产品创新六个角度进行测度，得到 x1—x6 六组数据，金融科技则从储蓄科技化普及、金融科技产品普及、贷款方式科技化普及以及支付方式科技化普及四个角度得到 x7—x10 四组数据（见表 7-1）①。

表 7-1　金融发展测度量表

一级指标	二级指标	指标含义及测度	符号
金融机构	简化审批流程	是 = 1　否 = 0	x1
	强化金融产品宣传	是 = 1　否 = 0	x2
	降低优质扶贫贷款利率	是 = 1　否 = 0	x3
	希望金融机构参股	是 = 1　否 = 0	x4
	尝试能力信用无抵押小额贷款	是 = 1　否 = 0	x5
	金融科技产品创新	是 = 1　否 = 0	x6

① 金融发展指标和金融科技指标是独立的量表观测值，为了和农户可行能力七大资产指标相区别，这里采用大 x1—x10。

一级指标	二级指标	指标含义及测度	符号
金融科技	储蓄科技化普及	非常不符合＝1　不符合＝2　一般＝3　符合＝4　非常符合＝5	x7
	金融科技产品普及	非常不符合＝1　不符合＝2　一般＝3　符合＝4　非常符合＝5	x8
	贷款方式科技化普及	非常不符合＝1　不符合＝2　一般＝3　符合＝4　非常符合＝5	x9
	支付方式科技化普及	非常不符合＝1　不符合＝2　一般＝3　符合＝4　非常符合＝5	x10

二、样本确定与调查对象选择

根据简单随机抽样的取样原则,在不考虑整体的情况下,采用公式 $n=Z^2P(1-P)/E^2$ 计算样本量,其中 Z 为置信度,E 为抽样误差范围,P 为比例估计的精度。根据调研实际,取 Z＝1.96(置信度 95%),E＝±3%,P＝0.05。计算样本量为:$n=Z^2P(1-P)/E^2=$ 202.75。可见研究的最低样本量为 203 份。为了使数据更加科学化,本次在河北省任泽县、清河县和馆陶县三地借助政府资源采取入户调查形式,共收集问卷 588 份,去掉无效问卷 23 份,最终有效问卷 665 份。

第三节　金融发展对农户可行能力
结构的静态影响研究

量表设计完成,由于选取的农户可行能力数据由 7 类资产构成,总共含有 7 个因变量,二是将金融发展量表数据 x1—x10 分别与农户可行能力 7 类资产做有序逻辑斯蒂(logistic)回归模型分析,研究金融发展对农户可行能力的影响关系,得到以下回归结果。

一、金融发展对农户人力资产的影响分析

以十项金融发展因素为自变量,而将农户可行能力中的人力资产作为因变量进行有序逻辑斯蒂回归分析,并且使用逻辑斯蒂连接函数进行研究。首先对模型整体有效性进行分析(模型似然比检验),从表7-2可知:此处模型检验的原定假设为:是否放入自变量(x1—x10)两种情况时模型质量均一样;分析显示拒绝原假设(Chi=206.874,p=0.000<0.05),即说明本次构建模型时,放入的自变量具有有效性,本次模型构建有意义。

表7-2 模型显著性的似然比检验结果

有序逻辑斯蒂回归模型似然比检验						
模型	−2倍对数似然值	卡方值	自由度	p	AIC值	BIC值
仅截距	1472.436					
最终模型	1265.562	206.874	10	0	1293.562	1356.559

表7-3为各省(自治区、直辖市)总体10项金融发展因素对农户人力资产影响的回归系数估计值及显著性检验结果。其中x4:希望金融机构参股、x7:储蓄科技化普及、x8:金融科技产品普及、x10:支付方式科技化普及四项金融发展因素通过了显著性检验,说明希望金融机构参股、储蓄科技化普及、金融科技产品普及以及支付方式科技化普及对农户的人力资产影响有较强的显著性。希望金融机构参股的回归系数为0.774,并且呈现出0.01水平的显著性(z=2.821,p=0.005<0.01),意味着金融机构参股会

202

对农户人力资产产生显著的正向影响关系,其优势比(OR 值)为 2. 168,意味着金融机构参股增加一个单位时,农户人力资产的正向增加幅度为 2. 168 倍。储蓄科技化普及的回归系数为 0. 292,并且呈现出 0. 01 水平的显著性(z = 2. 822,p = 0. 005<0. 01),意味着储蓄科技化普及会对农户人力资产产生显著的正向影响关系,其优势比(OR 值)为 1. 340,意味着储蓄科技化普及增加一个单位时,农户人力资产的正向增加幅度为 1. 340 倍。金融科技产品普及的回归系数为 0. 543,并且呈现出 0. 01 水平的显著性(z = 4. 936,p = 0. 000<0. 01),意味着金融科技产品普及会对农户人力资产产生显著的正向影响关系,其优势比(OR 值)为 1. 722,意味着金融科技产品普及增加一个单位时,农户人力资产的正向增加幅度为 1. 722 倍。支付方式科技化普及的回归系数为 0. 620,并且呈现出 0. 01 水平的显著性(z = 4. 906,p = 0. 000<0. 01),意味着支付方式科技化普及会对农户人力资产产生显著的正向影响关系,其优势比(OR 值)为 1. 859,意味着支付方式科技化普及增加一个单位时,农户人力资产的正向增加幅度为 1. 859 倍。而 x1—x3、x5—x6、x9 六项金融发展因素没有通过显著性检验,与农户人力资产没有显著性关系。

表 7-3　关于农户人力资产的回归系数估计值及显著性检验结果

有序逻辑斯蒂回归模型分析结果汇总								
变量类型	项	回归系数	标准误	z 值	Wald χ²	p 值	OR 值	OR 值 95% CI
因变量阈值	1	5. 757	1. 585	3. 636	13. 222	0	0. 003	0. 000—0. 070
	2	8. 386	1. 617	5. 187	26. 908	0	0	0. 000—0. 005
	3	11. 599	1. 65	7. 031	49. 441	0	0	0. 000—0. 000
	4	15. 579	1. 71	9. 108	82. 964	0	0	0. 000—0. 000

续表

变量类型	项	回归系数	标准误	z 值	Wald χ^2	p 值	OR 值	OR 值95% CI
自变量	x1	0.321	0.187	1.719	2.954	0.086	1.379	0.956—1.988
	x2	0.2	0.179	1.117	1.247	0.264	1.221	0.860—1.734
	x3	−0.089	0.171	−0.518	0.268	0.604	0.915	0.655—1.279
	x4	0.774	0.274	2.821	7.957	0.005	2.168	1.266—3.710
	x5	0.22	0.179	1.23	1.514	0.219	1.246	0.878—1.767
	x6	0.203	0.209	0.971	0.944	0.331	1.226	0.813—1.847
	x7	0.292	0.104	2.822	7.961	0.005	1.340	1.093—1.641
	x8	0.543	0.11	4.936	24.367	0	1.722	1.388—2.136
	x9	−0.091	0.118	−0.772	0.596	0.44	0.913	0.725—1.150
	x10	0.620	0.126	4.906	24.065	0	1.859	1.451—2.382

有序逻辑斯蒂回归模型分析结果汇总

麦克法登(McFadden)R^2:0.140

考克斯、斯内尔(Cox 和 Snell)R^2:0.267

纳格尔克(Nagelkerke)R^2:0.300

二、金融发展对农户社会资产的影响分析

同样,将十项金融发展因素数据作为自变量对农户可行能力中的社会资产进行有序逻辑斯蒂回归模型分析,得到模型整体有效性分析结果,表7-4显示本次构建模型时,放入自变量具有有效性,本次模型构建有意义。

表7-4　模型显著性的似然比检验结果

模型	−2 倍对数似然值	卡方值	自由度	p 值	AIC 值	BIC 值
仅截距	1342.139					
最终模型	1285.304	56.836	10	0	1313.304	1376.301

有序逻辑斯蒂回归模型似然比检验

表 7-5 为十项金融发展因素数据对农户社会资产影响的回归系数估计值和显著性检验结果,可知 x8:金融科技产品普及、x10:支付方式科技化普及对农户社会资产有显著性影响。其中,金融科技产品普及回归系数值为 0.275,p 值为 0.011,呈现出 0.05 水平的显著性,优势比(OR 值)为 1.316、支付方式科技化普及回归系数值为 0.271,p 值为 0.025,同样呈现出 0.05 水平的显著性,优势比(OR 值)为 1.311 意味着金融科技产品普及以及支付方式科技化普及都会对农户的社会资产产生正向的影响关系,当金融科技产品普及增加一个单位时,农户社会资产的正向增加幅度为 1.316 倍,而支付方式科技化普及增加一个单位时,农户社会资产正向增加幅度为 1.311 倍。而其他自变量的 p 值都没有通过显著性检验,与农户的社会资产没有呈现出显著性关系。

表 7-5　关于农户社会资产的回归系数估计值及显著性检验结果

有序逻辑斯蒂回归模型分析结果汇总								
变量类型	项	回归系数	标准误	z 值	Wald χ^2	p 值	OR 值	OR 值 95% CI
因变量阈值	1	1.157	1.627	0.711	0.506	0.477	0.314	0.013—7.625
	2	4.782	1.628	2.937	8.627	0.003	0.008	0.000—0.204
	3	7.731	1.64	4.714	22.22	0	0	0.000—0.011
	4	11.48	1.782	6.438	41.447	0	0	0.000—0.000
自变量	x1	0.201	0.19	1.056	1.115	0.291	1.223	0.842—1.776
	x2	0.217	0.181	1.204	1.449	0.229	1.243	0.872—1.770
	x3	0.184	0.173	1.062	1.129	0.288	1.202	0.856—1.688
	x4	0.085	0.271	0.313	0.098	0.754	1.088	0.640—1.852
	x5	0.153	0.181	0.844	0.713	0.398	1.165	0.817—1.661
	x6	0.199	0.212	0.942	0.887	0.346	1.22	0.806—1.847
	x7	0.182	0.103	1.769	3.129	0.077	1.2	0.981—1.468
	x8	0.275	0.108	2.554	6.525	0.011	1.316	1.066—1.626
	x9	-0.141	0.118	-1.201	1.442	0.23	0.868	0.689—1.094
	x10	0.271	0.121	2.237	5.004	0.025	1.311	1.034—1.662

续表

有序逻辑斯蒂回归模型分析结果汇总							
变量类型	项	回归系数	标准误	z 值	Wald χ²	p 值	OR 值	OR 值 95% CI
麦克法登(McFadden)R²:0.042							
考克斯、斯内尔(Cox 和 Snell)R²:0.082							
纳格尔克(Nagelkerke)R²:0.094							

三、金融发展对农户自然资产的影响分析

表 7-6 为金融发展因素数据对农户自然资产的有序逻辑斯蒂回归模型的显著性分析结果,p 值为 0 表示本次模型放入的自变量具有有效性,模型构建有意义,可进行下一步分析。

表 7-6 模型显著性的似然比检验结果

有序逻辑斯蒂回归模型似然比检验						
模型	-2 倍对数似然值	卡方值	自由度	p 值	AIC 值	BIC 值
仅截距	1369.398					
最终模型	1236.569	132.829	10	0	1264.569	1327.566

表 7-7 是金融发展对农户自然资产的回归系数估计值和显著性检验结果,由表 7-7 可知,有 x2:强化金融产品宣传、x7:储蓄科技化普及、x8:金融科技产品普及、x10:支付方式科技化普及四项对农户的自然资产呈现出显著性,其中只有强化金融产品宣传呈现出 0.05 水平的显著性,其他三项则呈现出 0.01 水平的显著性。而强化金融产品宣传每增加一个单位时,将会正向影响农户自然资产,其变动幅度为 1.573 倍,储蓄科技化普及、金融科技产品、支付方式科技化普及三项增加一个单位时,对农户可行能力中自然资产的影响都为正向影响,其影响程度分别为 1.400 倍、

1.667 倍、1.402 倍。其他金融发展因素对农户自然资产没有产生显著性影响。

表 7-7　关于农户自然资产的回归系数估计值及显著性检验结果

有序逻辑斯蒂回归模型分析结果汇总								
变量类型	项	回归系数	标准误	z 值	Wald χ²	p 值	OR 值	OR 值 95% CI
因变量阈值	1	2.77	1.637	1.692	2.862	0.091	0.063	0.003—1.551
	2	5.938	1.624	3.656	13.367	0	0.003	0.000—0.064
	3	9.387	1.656	5.669	32.14	0	0	0.000—0.002
	4	12.163	1.68	7.241	52.425	0	0	0.000—0.000
自变量	x1	−0.058	0.191	−0.301	0.091	0.763	0.944	0.649—1.373
	x2	0.453	0.185	2.447	5.99	0.014	1.573	1.094—2.261
	x3	0.002	0.175	0.012	0	0.991	1.002	0.711—1.412
	x4	0.233	0.277	0.841	0.708	0.4	1.263	0.733—2.175
	x5	0.209	0.182	1.144	1.309	0.253	1.232	0.862—1.762
	x6	0.243	0.216	1.126	1.269	0.26	1.275	0.836—1.945
	x7	0.336	0.107	3.15	9.922	0.002	1.400	1.135—1.725
	x8	0.511	0.112	4.552	20.72	0	1.667	1.338—2.077
	x9	0.003	0.121	0.027	0.001	0.979	1.003	0.791—1.272
	x10	0.338	0.128	2.643	6.987	0.008	1.402	1.091—1.801
麦克法登(McFadden)R²:0.097								
考克斯、斯内尔(Cox 和 Snell)R²:0.181								
纳格尔克(Nagelkerke)R²:0.208								

四、金融发展对农户物质资产的影响分析

表 7-8 为金融发展因素对农户物质资产有序逻辑斯蒂回归模型的显著性分析结果,p 值为 0 表示本次模型放入的自变量具有有效性,模型构建有意义,可进行下一步分析。

表 7-8　模型显著性的似然比检验结果

有序逻辑斯蒂回归模型似然比检验						
模型	−2 倍对数似然值	卡方值	自由度	p 值	AIC 值	BIC 值
仅截距	771.267					
最终模型	670.396	100.871	10	0	694.396	748.394

从金融发展因素对农户物质资产影响分析来看,x6:金融科技产品创新、x7:储蓄科技化普及、x8:金融科技产品普及、x9:贷款方式科技化普及、x10:支付方式科技化普及五项对农户的物质资产呈现出显著性,其中金融科技产品创新、储蓄科技化普及、金融科技产品普及以及支付方式科技化普及会对农户的物质资产产生显著的正向影响关系,而贷款方式科技化普及会对农户的物质资产产生显著的负向影响关系。只有支付方式科技化普及呈现出0.01 水平的显著性,其余四项金融发展因素则呈现出 0.05 水平的显著性。金融科技产品创新、储蓄科技化普及、金融科技产品普及以及支付方式科技化普及四项金融发展因素每增加一单位时,意味着农户的物质资产的正向变化幅度分别为 1.674 倍、1.376倍、1.327 倍、1.460 倍,而贷款方式科技化普及增加一单位时,意味着农户的物质资产将会负向变化 0.713 倍。其他金融发展因素对农户物质资产则没有产生显著性影响。

表 7-9　关于农户物质资产的回归系数估计值及显著性检验结果

有序逻辑斯蒂回归模型分析结果汇总								
变量类型	项	回归系数	标准误	z 值	Wald χ^2	p 值	OR 值	OR 值 95% CI
因变量阈值	1	0.133	1.806	0.073	0.005	0.942	0.876	0.025—30.203
	2	4.457	1.77	2.518	6.342	0.012	0.012	0.000—0.372

变量类型	项	回归系数	标准误	z 值	Wald χ²	p 值	OR 值	OR 值95% CI
自变量	x1	0.018	0.2	0.089	0.008	0.929	1.018	0.688—1.505
	x2	0.305	0.192	1.588	2.522	0.112	1.357	0.931—1.978
	x3	0.102	0.184	0.555	0.308	0.579	1.108	0.772—1.589
	x4	0.162	0.286	0.566	0.321	0.571	1.176	0.671—2.060
	x5	−0.078	0.19	−0.414	0.171	0.679	0.925	0.637—1.341
	x6	0.515	0.232	2.219	4.926	0.026	1.674	1.062—2.639
	x7	0.319	0.131	2.43	5.903	0.015	1.376	1.064—1.779
	x8	0.283	0.118	2.4	5.762	0.016	1.327	1.053—1.672
	x9	−0.338	0.155	−2.186	4.779	0.029	0.713	0.527—0.966
	x10	0.378	0.135	2.806	7.874	0.005	1.460	1.121—1.902

有序逻辑斯蒂回归模型分析结果汇总

麦克法登(McFadden)R^2:0.131

考克斯、斯内尔(Cox 和 Snell)R^2:0.141

纳格尔克(Nagelkerke)R^2:0.205

五、金融发展对农户金融资产的影响分析

表 7-10 为金融发展因素对农户金融资产的有序逻辑斯蒂回归模型显著性分析结果,p 值为 0.003 表示本次模型放入的自变量具有有效性,模型构建有意义,可进行下一步分析。

表 7-10　模型显著性的似然比检验结果

有序逻辑斯蒂回归模型似然比检验

模型	−2 倍对数似然值	卡方值	自由度	p 值	AIC 值	BIC 值
仅截距	1107.038					
最终模型	1080.25	26 788	10	0.003	1104.25	1158.248

从金融发展因素对农户金融资产影响分析来看,表 7-11 结

果显示,只有 x9:贷款方式科技化普及对农户的金融资产产生显著的影响关系。贷款方式科技化普及的回归系数值为 0.462,并且呈现出 0.01 水平的显著性($z = 3.859$,$p = 0.000 < 0.01$),意味着贷款方式科技化普及会对农户的金融资产产生显著的正向影响关系。以及优势比(OR 值)为 1.587,意味着贷款方式科技化普及增加一个单位时,农户金融资产的变化(增加)幅度为 1.587 倍。其他金融发展因素对农户金融资产则没有产生显著性影响。

表 7-11　关于农户金融资产的回归系数估计值及显著性检验结果

有序逻辑斯蒂回归模型分析结果汇总								
变量类型	项	回归系数	标准误	z 值	Wald χ^2	p 值	OR 值	OR 值 95% CI
因变量阈值	2	−3.421	1.644	−2.081	4.331	0.037	30.589	1.220—766.644
	3	0.043	1.636	0.026	0.001	0.979	0.958	0.039—23.646
自变量	x1	−0.068	0.194	−0.35	0.122	0.727	0.935	0.639—1.366
	x2	0.075	0.185	0.402	0.162	0.688	1.077	0.749—1.550
	x3	−0.136	0.177	−0.769	0.591	0.442	0.873	0.617—1.235
	x4	0.108	0.279	0.385	0.149	0.7	1.114	0.644—1.926
	x5	−0.176	0.184	−0.955	0.912	0.34	0.838	0.584—1.204
	x6	−0.153	0.216	−0.707	0.5	0.48	0.858	0.562—1.311
	x7	0.013	0.104	0.13	0.017	0.897	1.014	0.827—1.242
	x8	−0.056	0.11	−0.508	0.259	0.611	0.946	0.762—1.173
	x9	0.462	0.12	3.859	14.889	0	1.587	1.255—2.007
	x10	−0.108	0.123	−0.871	0.759	0.384	0.898	0.705—1.144
麦克法登(McFadden)R^2:0.024								
考克斯、斯内尔(Cox 和 Snell)R^2:0.039								
纳格尔克(Nagelkerke)R^2:0.049								

六、金融发展对农户精神资产的影响分析

表 7-12 为金融发展因素对农户精神资产有序逻辑斯蒂回归

模型的显著性分析结果,p 值为 0 表示本次模型放入的自变量具
有有效性,模型构建有意义,可进行下一步分析。

表 7-12　模型显著性的似然比检验结果

有序逻辑斯蒂回归模型似然比检验						
模型	-2 倍对数似然值	卡方值	自由度	p 值	AIC 值	BIC 值
仅截距	1372.002	——	——	——	——	——
最终模型	1273.476	98.526	10	0	1301.476	1364.473

从对农户精神资产影响分析来看,x7:储蓄科技化普及、x10:支
付方式科技化普及两项金融发展因素会对农户的精神资产产生显
著性的影响关系。储蓄科技化普及呈现出 0.01 水平的显著性,其
回归系数为 0.862,优势比(OR 值)为 2.368,意味着储蓄科技化普及
对农户精神资产呈显著的正向影响关系,且储蓄科技化普及每增加一
个单位,农户精神资产的正向变动幅度为 2.368 倍。而支付方式科技
化普及对农户精神资产也呈现出 0.01 水平显著的正向影响关系,其
回归系数为 0.370,优势比(OR 值)为 1.447,意味着支付方式科技化普
及每增加一个单位,农户精神资产的正向变动幅度为 1.477 倍。其他
金融发展因素对农户精神资产则没有产生显著性影响。

表 7-13　关于农户精神资产的回归系数估计值及显著性检验结果

有序逻辑斯蒂回归模型分析结果汇总								
变量类型	项	回归系数	标准误	z 值	Wald χ^2	p 值	OR 值	OR 值 95% CI
因变量阈值	1	1.557	1.684	0.925	0.855	0.355	0.211	0.008—5.718
	2	3.57	1.603	2.226	4.956	0.026	0.028	0.001—0.653
	3	6.832	1.62	4.218	17.792	0	0.001	0.000—0.026
	4	9.98	1.643	6.075	36.91	0	0	0.000—0.001

续表

变量类型	项	回归系数	标准误	z值	Wald χ^2	p值	OR值	OR值95% CI
	有序逻辑斯蒂回归模型分析结果汇总							
自变量	x1	0.23	0.19	1.211	1.467	0.226	1.258	0.868—1.825
	x2	0.09	0.182	0.491	0.241	0.624	1.094	0.765—1.564
	x3	−0.07	0.174	−0.403	0.162	0.687	0.932	0.663—1.311
	x4	0.252	0.272	0.924	0.853	0.356	1.286	0.754—2.194
	x5	0.153	0.182	0.841	0.707	0.4	1.165	0.816—1.663
	x6	0.127	0.213	0.597	0.357	0.55	1.136	0.748—1.724
	x7	0.862	0.11	7.865	61.854	0	2.368	1.910—2.935
	x8	0.022	0.108	0.205	0.042	0.837	1.022	0.828—1.263
	x9	0.096	0.118	0.809	0.655	0.418	1.1	0.873—1.387
	x10	0.370	0.123	3.009	9.054	0.003	1.447	1.138—1.841

麦克法登(McFadden)R^2:0.072

考克斯、斯内尔(Cox 和 Snell)R^2:0.138

纳格尔克(Nagelkerke)R^2:0.158

七、金融发展对农户保障性资产的影响分析

表7-14为金融发展因素对农户保障性资产有序逻辑斯蒂回归模型的显著性分析结果,p值为0表示本次模型放入的自变量具有有效性,模型构建有意义,可进行下一步分析。

表7-14　模型显著性的似然比检验结果

模型	−2倍对数似然值	卡方值	自由度	p值	AIC值	BIC值
	有序逻辑斯蒂回归模型似然比检验					
仅截距	774.47					
最终模型	673.982	100.488	10	0	697.982	751.98

从农户的保障性资产影响分析来看,x5:尝试能力信用无抵押

小额贷款、x7:储蓄科技化普及、x8:金融科技产品普及、x10:支付
方式科技化普及四项金融发展因素通过了显著性检验,只有尝试
能力信用无抵押小额贷款对农户保障性资产呈现出 0.05 水平的
正向显著影响关系,其回归系数为 0.556,优势比(OR 值)为
1.743,意味着尝试能力信用无抵押小额贷款每增加一个单位,农
户保障性资产的正向变动幅度为 1.743 倍。而储蓄科技化普及、
金融科技产品普及、支付方式科技化普及三项金融发展要素对农
户保障性资产则呈现出 0.01 水平的正向显著影响关系,回归系数
分别为 0.772、0.405、0.498,其优势比(OR 值)分别为 2.163、
1.499、1.646,意味着储蓄科技化普及、金融科技产品普及、支付方
式科技化普及三项金融发展要素每增加一个单位时,农户的保障
性资产的变化(增加)幅度分别为 2.163 倍、1.499 倍、1.646 倍。
其他金融发展因素对农户保障性资产则没有产生显著性影响。

表 7-15　关于农户保障性资产的回归系数估计值及显著性检验结果

有序逻辑斯蒂回归模型分析结果汇总								
变量类型	项	回归系数	标准误	z 值	Wald χ²	p 值	OR 值	OR 值95% CI
因变量阈值	1	6.36	2.107	3.018	9.111	0.003	0.002	0.000—0.107
	2	12.176	2.195	5.546	30.763	0	0	0.000—0.000
自变量	x1	0.048	0.259	0.187	0.035	0.851	1.05	0.632—1.742
	x2	0.168	0.243	0.693	0.48	0.489	1.183	0.735—1.904
	x3	0.17	0.232	0.733	0.538	0.463	1.186	0.752—1.870
	x4	0.012	0.367	0.032	0.001	0.974	1.012	0.493—2.077
	x5	0.556	0.252	2.208	4.875	0.027	1.743	1.064—2.854
	x6	0.347	0.298	1.164	1.355	0.244	1.415	0.789—2.541
	x7	0.772	0.144	5.351	28.636	0	2.163	1.631—2.870
	x8	0.405	0.151	2.584	7.205	0.007	1.499	1.115—2.015
	x9	-0.168	0.159	-1.057	1.118	0.29	0.845	0.619—1.154
	x10	0.498	0.182	2.735	7.482	0.006	1.646	1.152—2.351
麦克法登(McFadden)R²:0.130								

续表

有序逻辑斯蒂回归模型分析结果汇总							
变量类型	项	回归系数	标准误	z 值	Wald χ²	p 值	OR 值	OR 值 95% CI
考克斯、斯内尔(Cox 和 Snell)R²:0.140							
纳格尔克(Nagelkerke)R²:0.204							

八、金融发展支持农户可行能力路径分析

通过分析,得到以下结论,见表7-16。

表 7-16　金融发展影响农户可行能力结构的静态因素清单

因变量	正显著项	负显著项
人力资产	希望金融机构参股、储蓄科技化普及、金融科技产品普及、支付方式科技化普及	
社会资产	金融科技产品普及、支付方式科技化普及	
自然资产	强化金融产品宣传、储蓄科技化普及、金融科技产品普及、支付方式科技化普及	
物质资产	金融科技产品创新、储蓄科技化普及、金融科技产品普及、支付方式科技化普及	贷款方式科技化普及
金融资产	贷款方式科技化普及	
精神资产	储蓄科技化普及、支付方式科技化普及	
保障性资产	尝试能力信用无抵押小额贷款、储蓄科技化普及、金融科技产品普及、支付方式科技化普及	

第四节　金融科技创新、农户可行能力结构与农户持续增收之间的网络作用关系研究

一、信度与效度分析

一般信度分析采取克隆巴赫阿尔法系数进行检验,本书整体

量表克隆巴赫阿尔法值为 0.91,达到了最佳的程度,说明数据是可信的;效度分析学者更多地采取建构效度分析,即利用取样适切性量数值来测算,本书量表取样适切性量数值为 0.84,达到了良好水平,说明其内部建构效度是有效的。

二、模型优化

利用矩结构分析(Analysis of Moment Stracture, AMOS)20.0 软件对数据进行第一次模拟,发现绝对适配度指数中,调整后的适配度指数(AGFI)= 0.813<0.9,渐进残差均方和平方根(RMSEA)= 0.106>0.8,未达到良好适配的要求。经检查,发现 x1、x2 与 x3 和 x4 高度相关,x7 和 x5 高度相关,x11 与 x12 高度相关,x15 与 x17 高度相关,x20 与 x21 高度相关,为使模型更具有适配性,删除 x1、x2、x7、x11、x15 和 x20 重新进行模拟,结果如下:(1)绝对适配度指数检验。调整后的适配度指数 = 0.920>0.90,达到最佳要求;渐进残差均方和平方根 = 0.052 接近 0.05,模型具有较好的绝对适配度指数。(2)增值适配度指数检验。比较拟合指数 = 0.926 > 0.90,规范拟合指数 = 0.890 接近 0.90,增值拟合指数 = 0.927 > 0.90,残差拟合指数 = 0.859 > 0.80,模型具有良好的增值适配度指数。(3)简约适配度指数检验。简约拟合指数 = 0.692>0.50,PGFI = 0.661 > 0.50,模型具有极佳的简约适配度指数。综合来看,优化后的模型与调研数据之间具有非常好的适配性。具体数据见图 7-2 和表 7-17。

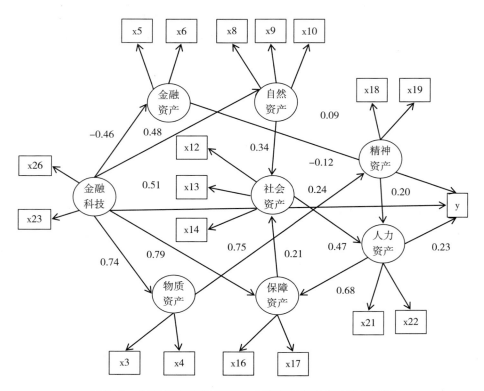

图 7-2 金融科技创新、可行能力结构与农户增收优化模型

表 7-17 变量间的路径系数显著性一览表

路径关系			估计值	标准误	变异系数	p 值
y 收入	<——	金融科技	0.512	0.25	2.044	0.041
y 收入	<——	人力资产	0.59	0.279	2.115	0.034
y 收入	<——	金融资产	-0.383	0.146	-2.625	0.009
金融资产	<——	金融科技	-0.305	0.079	-3.876	***
自然资产	<——	金融科技	0.528	0.148	3.577	***
精神资产	<——	金融资产	0.463	0.269	1.719	0.086
人力资产	<——	精神资产	0.051	0.017	3.006	0.003
人力资产	<——	社会资产	0.07	0.013	5.543	***
保障资产	<——	人力资产	1.313	0.404	3.253	0.001

续表

路径关系			估计值	标准误	变异系数	p 值
物质资产	<——	金融科技	0.045	0.041	1.101	0.027
精神资产	<——	物质资产	1.521	0.165	1.12	0.026
社会资产	<——	自然资产	1.729	0.39	4.437	***
社会资产	<——	保障资产	0.719	0.357	2.013	0.044
金融科技	<——	社会资产	0.071	0.026	2.726	0.006
保障资产	<——	金融科技	1.278	0.327	3.907	***
x17	<——	保障资产	1			
x16	<——	保障资产	1.936	0.171	11.294	***
x22	<——	人力资产	1			
x21	<——	人力资产	0.535	0.14	3.827	***
x5	<——	金融资产	1			
x6	<——	金融资产	2.327	0.21	11.078	***
x4	<——	物质资产	1			
x3	<——	物质资产	1.209	0.934	1.134	0.057
x18	<——	x26	0.993	0.295	3.368	***
x23	<——	金融科技	1			
x26	<——	金融科技	0.269	0.061	4.383	***
x8	<——	自然资产	1			
x9	<——	自然资产	1.031	0.085	12.163	***
x10	<——	自然资产	1.042	0.088	11.892	***
x14	<——	社会资产	1			
x13	<——	社会资产	0.315	0.018	17.404	***
x12	<——	社会资产	0.077	0.018	4.27	***
x18	<——	精神资产	1			
x19	<——	精神资产	1.342	0.146	9.199	***

三、结果分析

第一,经过多轮优化,金融科技创新对精神资产、社会资产、人力资产直接影响不显著,但通过可行能力结构的传导都具有间接影响;相反,社会资产对金融科技创新具有正向显著直接作用,说明就业机会越宽(0.94)、亲朋优质资源越多(0.71)的农户更容易接受和利用好金融科技产品。同时,金融科技创新对金融资产的正向直接影响假设未通过,而是具有一定显著负影响(-0.46)。金融科技创新将改变原有资产管理运营的方式,对传统消费、储蓄与投资等形成冲击,而从优化后的模型可以看出,农户自身的金融资产目前依然更多地处于传统的投资(0.96)与储蓄(0.75)偏好状态,因此负向影响的出现更体现了目前阶段金融科技对农户金融资产观念的冲击,但相信在不久的未来,当农户建立起新的资产管理观念后,其影响会逐渐演化至正向促进状态。与之前的假设一致,金融科技创新对自然资产(0.48)、物质资产(0.74)、保障资产(0.79)和农户增收(0.24)之间分别具有直接积极显著影响关系,并通过可行能力结构的传导对农户增收具有多重间接显著影响。金融科技创新对农户增收的总体影响效果为0.422,在诸多因素中高居首位,这直接充分证明了在巩固脱贫时期金融科技创新支农是巩固脱贫成果的一种重要方式。

综合来看,可行能力视域下金融科技创新对农户增收的作用路径主要表现在以下五方面:一是金融科技创新可直接作用于农户持续增收;二是可通过物质资产、精神资产和人力资产的逐层传导作用于农户持续增收;三是可通过保障资产、社会资产和人力资产的网络作用影响农户持续增收;四是可通过自然资产、社会资产和人力资产的网络作用影响农户持续增收;五是可通过金融资产、精神资产和人力资产的中介作用影响农户持续增收。

第二,社会资产在系统中具有网络化属性,与其他因素之间都具有直接或间接联系,其对农户增收的贡献为0.297,位居第二位,这充分印证了治贫也是一个社会学问题的说法,为我国巩固脱贫时期治理返贫提供了科学量化佐证;人力资产除了直接作用于农户增收外(0.23),还通过其他因素的传导具有0.045的间接影响效果,其总体影响效果为0.275,位居第三,这也从侧面印证了国家"扶贫先扶智"思想的英明。

第三,金融资产只对精神资产(0.09)和农户增收(-0.119)具有显著直接影响关系,并通过精神资产和人力资产的传导对农户增收具有间接正向影响关系(0.005)。说明农户以储蓄和投资形成的固定金融资产的增加能够在一定程度上丰富农户的情感交流并提升其主动脱贫的自信心,但影响效果并不理想。值得关注的是,金融资产的增加总体上(直接与间接)并未对农户收入增加起到促进作用,相反却是负向影响(-0.114)。在与农户深度访谈时发现:83.81%的农户将其各类收入存入银行,且其中的绝大多数储蓄都用在为子女婚娶购房方面,而用于生产工具改善等方面的实质性投资却很少。说明目前阶段农户的金融资产更多的是以沉没资产的形态存在,其用于房屋、教育、医疗等方面的投资短期内不仅不会促进其收入增加;相反,利息、教育的不确定性等都阻碍了其收入的实质性增加。

第四,自然资产主要通过社会资产(0.34)和人力资产(0.47)的传导来正向影响农户增收(0.101)。说明农户所在地自然资产越丰富,越能吸引投资,从而获取更多社会就业机会等资源,并通过自身不断学习(培训)等提升农户显性收入;精神资产主要通过人力资产传导对农户增收发挥积极作用(0.055),说明农户情感越丰富、自信心越强,从而越会激发其增强体魄并学习技能的愿望,但其并不是影响收入增加的最主要因素;物质资产一方面通过直接作用于精神资产(0.75)并通过人力资产(0.20)的传导提升农户收入(0.035),另一方面又通过可行能力结构等其他因素和金融科技创新的重复传导使农户持续增收(0.007),但整体来看,物质资产对农户增收的作用并不明显(0.042),这从侧面充分说明国家精准脱贫基本方略"两不愁三保障"落实得较好,农户尤其是贫困户衣食住行得到了较好改善,而巩固脱贫时期对农户物质资产支持的再投入并不能很好地使其持续增收;保障性资产主要通过其他因素的间接影响作用于农户增收(0.062),说明个人信用、信息获取渠道以及医疗养老保障等对农户增收有积极影响,但效果不是最主要的。

第五,综合来看,可行能力结构的改善整体上对农户增收的影响为0.70,非常显著。可见,金融科技创新、可行能力结构优化是农户持续增收的两个重要影响因素,国家下一步治贫政策应该重点考虑农户可行能力的提升并充分研究科技普惠金融支农的作用。

第八章　金融科技巩固脱贫机制
创新与政策设计

　　2020 年年底,我国圆满地完成了脱贫攻坚目标任务,获得了举世瞩目的成就。在巨大的扶贫工作中,金融扶贫是非常重要的扶贫方式,其中,金融科技扶贫更是扮演着不可或缺的角色。不同于传统"输血式"扶贫,金融科技扶贫是新型扶贫模式,不仅能够使政府、金融机构和平台发挥各自的优势,同时,又能使政府、金融机构和平台相互作用,加快扶贫计划的实现,实现"造血式"扶贫。金融科技扶贫扩大了金融在贫困地区的服务面,加快了农村产业经济的发展,提高了农村生活消费和生产活动的便利程度,放大了扶贫工作的效果。与此同时,金融科技在扶贫过程中还存在一些基础设施建设、监管等问题。因此,探讨金融科技巩固脱贫机制创新势在必行。

第一节　金融支农政策梳理

中国人民银行等七部门于 2016 年 3 月 16 日联合印发《关于

金融助推脱贫攻坚的实施意见》《关于加快发展农村电子商务的意见》等相关政策，更是为满足互联网金融支持扶贫机制的需求提供了适宜的宏观环境。类似于芝麻信用、京东白条、余额宝一类的互联网融资理财产品正给农村地区的市场带来巨大的冲击。以往传统金融机构由于长期的金融抑制以及农业融资本身所存在的风险、成本等因素，久久不愿涉足，由此导致城—乡、贫—富等金融市场的不平衡性日益加剧。

2016 年 5 月，原中国保监会、国务院扶贫办联合发布《关于做好保险业助推脱贫攻坚工作的意见》，明确了保险扶贫的行动纲领，指明了保险扶贫的工作方向。

2017 年 5 月，为加快推动财政支农体制机制创新和农村金融服务模式创新，有效发挥财政撬动金融和社会资本的杠杆作用，农业部根据 2017 年"中央一号文件"、《政府工作报告》以及全国农业工作会议的有关部署，重点支持农业保险、农业投融资模式创新等方面。一是保险支农模式创新，主要包括收入保险、指数保险、"保险+期货"、保险资金支农融资、农业风险区划及应用等。二是农业投融资模式创新。主要包括农业领域政府和社会资本合作支持模式创新；农业部门参与农业信贷担保体系建设、运营、考核的业务模式创新；农业互联网金融、投贷结合、订单融资、应收账款融资、大型农机具和农业生产设施抵押贷款融资等农业信贷产品和模式创新等。

2019 年 2 月，中国人民银行、银保监会、证监会、财政部、农业农村部就金融服务乡村振兴按照《中共中央国务院关于实施乡村振兴战略的意见》和《国家乡村振兴战略规划（2018—2022 年）》有关要求提出指导意见，2020 年之前以脱贫攻坚为乡村振兴重点,不断加大金融精准扶贫力度,不断增加金融支农资源,持续改善农村金融服务等。

第二节　金融科技支持产业的作用形式分析

一、金融科技的主要形式

金融科技主要指利用新兴科技创新传统金融机构的服务模式,是金融与科技的有机融合。我国金融科技发展主要分为两类:互联网金融以及区块链金融。金融通过与互联网结合,产生了很多新兴产品,例如支付宝、余额宝、蚂蚁花呗、京东金融等;区块链金融主要是指将区块链技术应用于供应链金融,将上下游企业串联起来,进而帮助核心企业融资。通常所说的金融科技主要是通过大数据、人工智能、区块链、云计算等发挥作用,通过金融科技对传统金融机构从事金融业务模式进行创新,此外,区块链技术还可以帮助金融机构多维度搜集贫困农户的全面信息,确保相关交易信息的准确性,完善信息共享机制,通过采用人工智能决策,精准定位扶贫对象,制订个性化帮扶方案,云计算可以提高金融机构的计算能力,帮助金融机构处理冗杂的交易数据。

具体来说,金融科技通过运用大数据技术整合好相对贫困对象资料库,可以降低金融机构提供金融服务的客户调查成本;并且通过区块链分布式信息登记机制,实现信息透明可见,可以缓解支农主体与相对贫困对象之间的信息不对称问题,通过人工智能决策,可以根据农户异质化贫困原因提供个性化帮扶方案,进而确保扶贫资金投放的准确与及时;金融科技降低了传统金融机构的风险,降低了运营成本,提高了利润空间,同时扩展了支农主体的服务范围,使其可以进行跨区域帮扶,丰富了提供助贫贷款的扶贫主体种类,因此,金融科技可以巩固脱贫成果,降低已脱贫农户返贫的概率。

二、金融科技作用于产业的方式

(一)金融科技实现金融支农主体的多元化

金融使很多科技企业以及非金融机构成为巩固脱贫主体,为农户产业脱贫提供资金支持。传统的扶贫方式大都通过对扶贫对象进行调查以及量化评估后,对其提供信贷支持,但是这种一致化的救助方式可能无法彻底改变农户由于不同的原因所陷入的贫困困境,无法提供个性化的扶贫救助,且由于财政资金帮扶力度、农户申请的贷款额度有限,传统的救济方式可能只是短暂地填补贫困缺口,无法使农户脱贫维持一个长效可持续的状态,甚至很多农户短暂的脱贫后又返贫。随着金融科技的发展,很多科技公司、互联网公司开始跨行业与传统金融机构合作,为农户、小微企业提供方便的金融服务,帮助其发展自身的产业。例如,2019年,阿里云制定"数字农信",与多个省份多家农信社和农商行合作,提升了农信社、农商行的办公高效率,促进其向便捷化、科技化方向转型升级,在2020年新冠肺炎疫情暴发期间,使农户足不出户就可以办理贷款,保证生产运营的正常进行。

（二）大数据实现"精准画像"

大数据可以帮助金融机构通过多维度多层次地收集农户信息定位相对贫困对象，掌握农户的真实信息，进而制定针对性的帮扶措施。首先，可以从县、乡、村这三个层次收集农户的相关信息，如年龄、生产生活状况、受教育程度、资产状况、当地基础设施完善程度、是否有疾病等相关信息，制成表格，公示无误后导入大数据系统。其次，也可以向扶贫办、公检法、银行、残联等相关机构进行信息求证，进一步搜集并核实农户相关信息，将数据做大做准；基于大数据平台，除了精准地确认相对贫困对象，还可以分析出其致贫原因，进而可以预测农户贷款额度以及还款能力，制订符合农户需求的救助方案。最后，通过对大数据平台进行动态管理，及时登记相对贫困户贫困状态的信息，可以防止"应帮未帮"以及"应扶未扶"的现象出现，避免资金的错配与浪费。

（三）人工智能实现智能决策

人工智能可以为农户产业脱贫提供智能决策。依据大数据平台所收集的信息，人工智能可以根据预先设定的标准，通过多维度分析相对贫困地区数据，精准定位相对贫困人口，通过数据挖掘和统计分析的方法，分析农户异质化陷贫原因，并结合相对贫困农户所处生产生活环境、当地的金融设施建设程度、资源情况、交通便利程度以及农作物的生产出售情况，制定一套智能扶贫信息系统。依据智能扶贫信息系统，通过智能决策，为相对贫困农户提供针对性的帮扶措施，减少了人工决策所带来的主观性倾向。例如，通过智能分析某个地区的相关数据，发现某地区是因为没有好的销售渠道,处于比较偏远的地区,无法将农产品售卖出去换取收入而致贫,此时就会为农户提出智能决策,建议该地区发展供应链经济,形成上中下游的产业链,或者可以向该地区拨付财政款项,改善交通条件,将农产品售卖出去实现脱贫。通过人工智能,真正地向农户提供"一地一策"的帮扶模式。

(四)区块链实现动态监督

使用区块链技术可以掌握扶贫资金的运行状态,加强对扶贫资金的监督。区块链就是将每一次的交易信息进行加密计算并且盖上时间戳后生成的信息块,方便使用者验证信息的有效性,在信息块之间相互连接以便于生成下一个信息块,并将信息发布到网络上的每一个节点,确保信息的公开透明。区块链像一个公共账本,链上每笔扶贫资金的去向,已耗用额度,适用主体等信息都会同步更新在区块链的各个网点,因此可以实现信息审批与贷款支付紧密结合,确保扶贫资金及贷款的精准投放,没有被挪为他用。此外,基于区块链的智能合约功能,会对每笔交易附加一个数字代码,当交易符合限定条件时,合约即可以自动执行,农户将获得扶贫资金从事产业投资,但如果违背智能合约的情形出现,智能合约即将终止,并向相关部门发送警报,避免扶贫转款出现"动奶酪"的腐败事件发生。同时,改动每个节点上的信息成本非常大,需要至少全网51%的计算能力,且收益远低于成本,因此可以确保链条上信息真实有效;区块链技术可以确保扶贫资金"精滴细灌"到每位扶贫对象,确保扶贫资金的安全运行。

第三节　金融科技支农过程中我国农户
所反映出的特点分析

一、资金获取制约农户产业投资脱贫——农户物质资产的匮乏

　　贫困农户经济实力本就薄弱,然而其在向正规金融机构申请贷款时,经常会由于缺乏合格抵押品而无法获得贷款。一是在现行土地制度下,土地所有权归国家所有,农户只有土地使用权,所以不能以土地所有权作为抵押物向金融机构申请贷款。二是相对于贫困农户来说,其本身贫困的标签就足以说明其拥有的资产并不足以向金融机构获取贷款,如存在农村房屋破旧、农机具破损严重等情况,其经济价值低下,并不足以成为金融机构认定的合格抵押品,所以抵押品的缺乏使得很多农户无法向银行申请贷款。三是贫困农户基本上处于偏远地区,交通不便,且传统金融机构大多聚集在城市、乡镇,同时农户向银行申请贷款程序烦琐,耗时较长,这将使得很多农户,即使符合银行发放贷款的借贷标准,也无法及时获得贷款。因此,在金融科技支农过程中我国农户呈现出因自身条件以及所处地域条件的局限性而无法获取资金的特点,究其本质是农户可行能力中物质资产以及金融资产的匮乏。由于资金的限制导致农户产业投资脱贫的计划无法启动,阻碍了可以通过产业投资而脱贫的农户的发展,也切断了其本可以有的部分功能性活动。

二、"数字鸿沟"制约金融科技普惠农户——农户人力资产的匮乏

农村教育水平整体偏低,尤其缺乏金融知识的教育,因此大多数农户对金融知识并不了解。而由于常年忙于农务无暇学习金融知识,很多农户缺乏基本的金融素养。经常因为银行贷款申请流程烦琐,核准条件严格,尽可能避免向银行申请贷款,更可能向非正规金融机构申请贷款来从事产业投资脱贫,对于新兴的金融科技更是望而生畏。例如,很多农村地区还没有普及宽带,对手机、电脑的操作生疏,经常由于不会使用或不能熟练使用电子产品而错过便捷的扶贫措施,导致利益受到侵害,同时,由于农户金融能力与知识的缺乏,也使农村的弱势群体经常成为网络欺诈对象,因此进一步加强了农户对金融科技的排斥心理。金融科技支农过程中制约农户接触金融科技的根本原因则是人力资产的缺乏,因为知识水平不高,缺乏对金融的理解,意识不到金融科技对农户的帮助,从而形成了金融科技与农户之间的"数字鸿沟"。

三、农户缺乏信息获取途径——农户保障性资产的匮乏

金融科技支农过程中农户反映出来的又一特点是农户保障性资产的匮乏。由于农户居住地分散,信息收集困难,所以很多农户成为游离在各类数据整合系统外的"白户"。一方面,农户由于自身原因没有相应的物质资产、没有有效的信息获取渠道,从而不能及时获取到外界的信息,跟不上现代化快速发展的信息更迭。另一方面,银行也因条件有限获取不到农户的经济情况,因为不了解农户自身的经济条件,无法判断农户的信贷承受程度,因此银行为了规避信用风险就会拒绝向农户发放贷款。即使经过一系列调

查、评估后向农户发放了贷款,但是并没有一个可以动态提供农户全面信息的平台,因此当农户由于金融素养缺乏而作出可能导致资金入不敷出的决策,或者将所贷资金投入到其他高风险领域,未进行扶贫产业投资,银行可能会面临很大的信用风险,但由于缺乏相应的数据对接系统,银行无法掌握资金流向、使用情况,也无法判断扶贫资金是否起到了作用,因此需要可以解决农户信息搜集问题的金融科技技术。一个是农户的透明性保证不足从而无法获取及时的最新信息,另一个是农户在使用资金的过程中无法保障其资金的风险,两者共同构成农户的保障性资产的匮乏。

第四节 金融科技巩固脱贫的方式选择与创新

一、可供选择的金融科技巩固脱贫方式

(一)新农直报平台

新农直报平台通过精准审核农户数据,为农户提供线上信用贷款。上海农商银行始终以服务好"三农"行业为立行之本,截至2020年年末,涉农贷款近610亿元,仅2020年发放的涉农贷款就高达11亿元,并且不断创新支农形式,通过使用金融科技来普惠贫困主体。上海农商银行自2018年开始对接农业农村部新型农业经营主体信息直报系统,针对新型农业经营主体的融资需求,于2019年首次创新了一款数字型产品"新农直报线上可循环贷款"(以下简称新农直报),客户仅需"线上申请一次+线下跑一次"即可有权利在2年内在线申请、支用、随借随还额度为50万元的

贷款,为客户提供快捷、高效的金融服务,便于农户进行产业投资脱贫。

例如,通过该系统,上海农乐生物制品有限公司跨区域为洛川苹果种植农户提供资金帮扶。首先,上海农商行整合新农直报系统的信息数据,对贷款申请人的申请额度、申请期限、农地面积进行核准。其次,对于客户的评估、贷款的审核、发放、本金与利息的收回都采用线上闭环管理,对符合申请条件的贷款人,无须抵押物,采用信用担保方式,最快可在5分钟内将贷款发放至农乐生物公司在农商行开立的账户。最后,通过整合新农直报平台的信息数据所形成的数据库可以为农户以后的贷款提供参考,缩短了贷款申请流程。截至2020年12月,该平台已经累计投放4.28亿元贷款,为农户脱贫作出了巨大的贡献。

(二)善融商务平台

近些年,电子商务在带领农户脱贫的过程中发挥了巨大的作用,仅需要通过一部手机、一台电脑就可以帮助农户完成农产品销售,建行创建的善融商务平台,通过"平台+扶贫""科技+扶贫""跨界+扶贫"的模式帮助农户脱贫。善融商务平台通过打通销售链的前后端,通过帮助农户销售农产品,确保农户获得收入。

例如,2020年,针对广东省帮扶的大凉山,在销售链的前端,将当地特色农产品或者特色手工艺品在平台上上线,扶贫农户累计达到15万,通过此操作,可以打通农产品的生产、流通渠道,使农产品被消费者熟知,在销售链的后端,可以通过"以购代捐"的"感恩有你"扶贫回馈活动,以激发大家爱心、责任感的方式打开农产品销售渠道。截至2020年10月,通过善融平台实现的交易额高达 5100 万元,农户只需要准备好农产品或者手工艺品已备销售,不需要进行复杂的技术操作。此外,通过在乡村设置"自动扶贫销售贩卖机",通过线上与线下结合的方式,将扶贫的触角伸至农村"最后一公里",消费者通过扫码就可以购买线上的各类农产品,农户无须理解自动贩卖机的技术构造,只需要告知消费者购买方式即可。农户也可以在善融商务平台上直播带货,直播带货仅需要一部手机、一个直播 App 就可以完成,操作简便易懂,通过直播带货,不仅提高了农产品的知名度,而且由于在多个平台直播,也吸引了大量消费者,为农户脱贫贡献了坚实的力量。

(三)网商银行

对于农户信息不完善的问题,网商银行凭借掌握的海量数据以及云计算能力,可以为农户制订个性化信贷扶贫方案。一方面,网商银行依据网上平台所提供的丰富数据来评估线上商家的信贷承担能力,通过掌握商家所销售的商品种类、经营情况、消费者评价记录、企业诚信状况等数据,汇总出超过 10 万项指标体系、创建了 100 多个预测模型和 3000 多种风控策略,并通过云计算测算出商家所能承受的风险,进而农户无须抵押品与担保品即可获得信用贷款,并且不良贷款率只有 1%;另一方面,随着移动支付技术的普及,很多小微经营者已经用二维码支付代替了现金支付,由此产生的数据比网商平台更丰富,甚至卖菜的小贩以及煎饼摊都有自己的"数据画像",因此网商银行可以通过分析线下小微经营者所产生的经营数据,通过建立合理的风控模型,为小微企业提供合适额度的贷款。

网商银行还通过多维度分析农户特点,建立了"数据化产融模式",帮助农户通过发展产业链实现脱贫,在贷前阶段,网商银行通过与新型农业经营主体合作获得上游农户多方面的数据,例如了解农户的生产经营状况以及偿债能力,并利用人工智能技术对农户进行智能化授信,根据所掌握的信息向农户发放合适额度的贷款资金;贷中阶段,为了避免贷款资金被挪作他用,网商银行不直接将资金发放到农户手中,而是将贷款打入支付账户,在农户购买农机具时向电商平台支付,保证扶贫贷款的"专款专用";贷后阶段,网商银行会通过大数据平台跟踪扶贫资金的使用情况,农户经营情况以及监测资金风险状况,并与当地龙头企业合作,在农产品成熟时,由农业龙头企业对农产品进行收购,并在电商平台上进行售卖,保证客户的销售渠道,进而可以取得收入偿还银行信贷资金,网商银行通过合理有效利用大数据平台,并利用云计算技术对农户信息进行分析计算,设置合理的风控机制,通过智能化决策为农户制订个性化信贷方案。

二、金融科技在未来巩固脱贫领域内的作用展望

2021年1月,中央银行金融科技委员会在北京召开,强调了要加快推进金融数字化转型,组织开展金融数据综合应用试点,金融科技的发展会促使产生新的金融产品、金融机构、金融体系,改善传统金融机构为农户提供贷款成本高、效率慢、缺乏针对性的问题。因此要加快推进传统金融机构与金融科技的融合力度。单纯依靠农户种养殖很难真正帮助农户实现脱贫,因此构建农业产业链,使农户的种养殖农产品成为供应链上重要的一环,有助于农户实现长久性脱贫并达到巩固脱贫的目的。产

业链金融主要通过链上的核心企业与金融机构或者互联网公司合作,通过整合和分析产业链上各主体的数据,来决定是否为链上的企业以及农户提供金融服务,产业链是一种信用经营行为,依托核心企业的信用使农户以较低的成本获得贷款,进而进行产业投资脱贫。

金融科技在农户产业脱贫中发挥着至关重要的作用,因此在发展产业链经济时要加大金融科技与传统金融机构的融合力度。首先,区块链技术具有去中心化、分布式、不可更改、公开透明的信息分布特点,通过区块链技术还可以将分散在各地的碎片化数据整合在一起,使金融机构可以通过查看农户资金使用情况、风险状况、经营情况等相关信息来决定是否为农户发放贷款。其次,通过人工智能技术对链上各主体的交易信息、物流信息、产业信息进行数据挖掘与统计分析,判断链上企业的信用等级与资金需求状况,在风险可控的前提下,为供立链局部开发多个金融服务主体,为农产品的生产与销售环节提供资金支持。此外,对于传统产业链上的企业,由于其无法向金融机构展示其信用状况,使产业链上大量的资金往来都是在核心企业与规模较大的企业之间进行,而区块链可以将产业链上的所有经营主体都整合起来,使信息公开透明,因此降低了因信息不对称所产生的交易成本,有助于缓解农户"融资难、融资贵"的问题。准确掌握扶贫主体的信息是进行精准扶贫的前提,但是我国农村面积比较大、农户分布比较分散,因此,未来的金融科技扶贫模式要加强对"区块链+金融"的应用来建立一个完善的扶贫信息数据库,司时推动农户通过发展产业链经济实现根源性脱贫,将各种金融科技与传统金融机构的服务功能相结合,促使在扶贫过程中实现社会责任与商业利益的结合,帮助农户真正脱离贫困,降低返贫的可能性,实现金融科技创新的巩固脱贫作用。而这一过程中信用将起到决定性作用。以农户可行能力作为信用担保的依据将会逐渐显现其可行性。

第五节 金融科技巩固脱贫的作用机制分析

通过第七章实证分析可知:金融科技是促进农户增收的重要发起性因素,而农户可行能力结构是一组重要的中介传导变量,尤其是农户的社会资产表现出了网络化特征。农户可行能力结构优化与金融科技创新是巩固脱贫时期治贫的两个重要考量因素,两者的有效结合对我国脱贫将产生重大贡献。传统守旧的资产管理观念依然阻碍着农户的持续增收;巩固脱贫时期对农户吃穿住行等物质资产的帮扶整体上对其增收的影响已不再显著;相反,从社会学的角度出发,注重其社会资产与人力资产的增加才是未来返贫阻断的重要形式。基于此,在后续巩固脱贫时期,金融科技巩固脱贫机制主要通过以下几方面发挥作用。

一、金融科技创新对农户持续增收的直接作用机制

从图8-1可知,金融科技创新对农户可持续增收的影响非常显著。因此,针对农户的金融科技产品和服务的创新势在必行,但前提是应结合农民实际和特点,有效发挥科技普惠金融的作用。

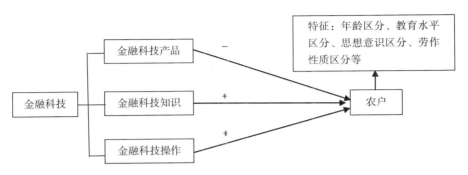

图 8-1 金融科技创新对农户持续增收的直接作用机制

金融科技的创新发展有其内在的动因,是效率、成本与需求①以及"互联网+"创新导向等的叠加效应,其对消费金融、科技金融等领域的作用已然显现,也正在逐渐撬动"三农"事业发展,上述已经证明其是治贫的重要方式。

然而,在助力乡村振兴事业建设过程中,金融科技创新作用的发挥更应结合农民实际,了解农民自身特点。农村实际情况是多数农户年龄偏大,行动不便,文化水平也集中在小学初中阶段,且整日劳作,对金融科技带来的操作习惯改变的适应尚需时间。从访谈中可知:大多数农户依然喜欢去物理网点办理相关业务,其中除了习惯问题外,也有基于安全的考虑。

因此,农村金融机构,尤其是农商行等,应积极展开广泛调研,把准农户心理,分层有针对性地提供金融科技服务,如积极推出智能柜台(针对有一定接受度的中青年农户);积极推广便携式智能柜员机(Smart Teller Machine,STM)机具,引入人脸识别、电子凭证等高新技术帮助农户办理存折、生活服务等业务

---

① 周代数:《金融科技监管:一个探索性框架》,《金融理论与实践》2020 年第 5 期。

（主要针对行动不便的老年农户，同时重点在于培育农户金融科技操作习惯和安全意识等）。总之，在现有阶段，农村金融科技有效落地、金融知识以及安全性、金融科技操作习惯培育等是金融科技支农过程中从实际出发的工作要点。通过办理直达农户、操作流程简便的金融科技服务，提高金融服务效率，打造"有温度的银行"①。

二、金融科技促进农户投资理财观念转型的作用机制

从实地调研数据来看，虽然我国 2020 年年底已经实现了全国范围内的绝对脱贫，但农户对金融资产的处置绝大多数依然沿袭着传统的守旧的储蓄观念，主要是为了子女尤其是儿子的婚房做准备，缺乏对自身金融资产的财富管理观念。从图 8-2 也可清晰地看到，短期内，金融科技创新对农户金融资产的影响是负向显著的，充分说明了农村金融科技的发展必将有效促进农户改变原有的储蓄观念，将自身金融资产释放。其关键点就在于释放的金融资产的流向问题，这就需要政府、金融机构、平台公司等强化引导或开展产业链合作，积极促进农户自身金融资产的有效利用，虽然短期内会有"无钱一身虚"的感觉，但从长远来看，财富的升值必将最终促进其内心脱贫意识、精神资产的充盈，进而激发其内生的人力资产方面的提升，如渴望接受培训、渴望健康、渴望学习技能等，从而真正地促发农户的可持续增收。总之，政府、金融机构以及平台公司有义务引导农户树立正确的金融资产财富管理观念，将"好钢用在刀刃上"，而不是过度用于提前消费（贷款买房等）方面。

---

① 汇洪：《农村金融科技要切合农民实际》，《中国审计报》2019 年 8 月 26 日。

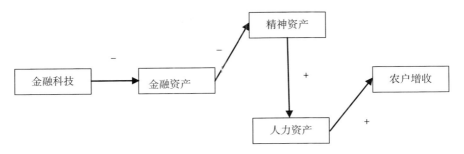

图8-2　金融科技促进农户投资理财观念转型的作用机制

三、金融科技与农户社会资产的网络化作用机制

从第七章分析结果来看,如图 8-3 所示,农户的社会资产具有显著的网络化属性,是农户持续增收的重要载体,同时农户社会资产与金融科技之间具有循环作用关系。后期巩固脱贫成效还需要政府继续发挥引导作用。社会资产提升是农户增收的重要渠道,主要涉及子女的养育、教育,老人的照料,亲朋高收入群体的带动和地方就业渠道的拓宽。农户具有先天弱势,社会资产整体不高(均值 2.983,处于弱状态),其优化与提升对脱贫具有重要意义。因此,政府应当主动成为农户最大的社会资产,深化"为人民服务"的立党初衷。因此,地方政府应该充分发挥基层党组织、社会救助机制和村镇互助小组力量进一步加大对困难农户子女的养育和教育、老年人照料等方面的帮扶,鼓励村落能人或高收入群体勇于承担社会责任,为其亲朋和周边贫困户积极创造就业机会。当然,最重要的是地方政府积极兴办产业,吸引各类投资,产业兴旺是乡村振兴的基础,能够为农村提供更为宽广的就业渠道。另外,金融科技公司应该发挥更加专业和系统的服务商职能,为其贷款农户对接资源,保障农户销路等基础上,更是为其自身金融风险

控制提供安全阀门。

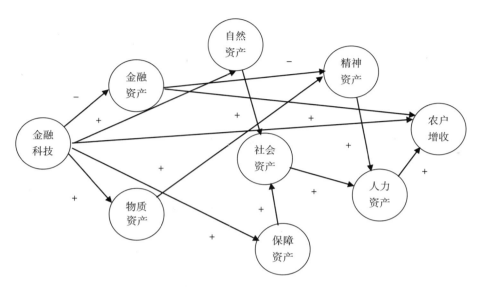

图 8-3　金融科技与农户社会资产的网络化作用机制

四、金融科技发展背景下能力信用作用机制

　　明确了金融科技对农户增收的作用机制之后,同时重点关注金融发展支持农户可行能力的路径,从而实现金融发展定向支持农户可行能力提升,有效促进农户持续增收的目的。

　　通过第七章的分析结论可知:金融发展的各项要素中,主要为金融科技要素对农户可行能力的提升具有显著影响作用,也包含部分其他金融要素对农户的可行能力提升具有显著作用,如尝试能力信用无抵押小额贷款、金融机构参股等分别对农户金融资产和保障性资产具有显著正向影响。不管是国外还是国内,农民天生具有脆弱性,其在进行传统的小额融资过程中,需要抵押物作为信用介质,对农民而言,除了房屋、土地之外,可担保之物微乎其微,而且不利于国家倡导的乡村振兴事业的有效发展。因此,在金融科技飞速发展的背景下,以农户可行能力作为信用的依据具有可操作性。如图 8-4 所示。

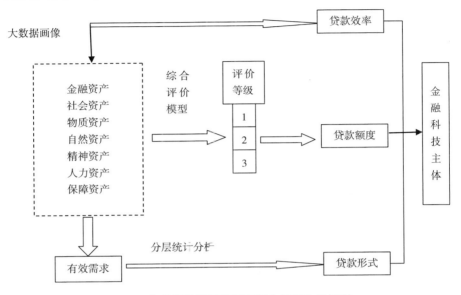

图 8-4　金融科技发展背景下能力信用作用机制

第六节　金融科技巩固脱贫的政策建议

一、加强金融科技基础设施建设,优化农村地区金融科技生态环境

金融科技服务要向农村地区不断深入,需要完善的金融科技基础设施建设和优良的金融科技生态环境作为基础保障。目前,我国农村地区的金融科技基础设施仍然比较落后,主要表现在数字信息基础设施建设落后、征信服务体系建设滞后、支付体系不健全等,这些因素制约了金融科技在农村地区的发展。

（一）加强数字信息基础设施建设

数字信息技术和互联网等基础设施是金融科技服务的应用基础，可是，我国部分农村地区由于地处偏远、人口稀薄，使互联网等基础设施的建立和维护的单位成本高昂。对此，一方面应当加强政府财政的资金投入，用优惠政策如贷款贴息、税收抵免等促进金融科技机构在农村地区加大数字信息技术（大数据、云计算、人工智能等）的投入，加大农村自助金融设施的投放；另一方面，应当利用政府财政资金投入吸引社会资本的联合参与，引导社会资本支持农村互联网等基础设施建设，加大农村互联网的覆盖范围，推动农村互联网的速度升级与费率下降，降低乡镇小微企业使用数字信息基础设施的成本。利用互联网技术赋能乡镇小微企业的转型升级，提升乡镇小微企业的信息化水平，缩小城乡信息化水平差距。

（二）加强征信服务体系建设

良好的信用体系能够有效解决金融交易过程中的信息不对称问题，降低逆向选择与道德风险的发生。农村地区由于金融资产稀缺，导致可供追溯的金融交易数量稀少，因此在交易过程中产生的可供参考的信用状况数据缺失，农户的信用信息很难获取，造成征信困难的恶性循环。因此，必须加强农村地区的征信服务体系建设。一方面，应该利用现有的金融交易机构的涉农信用数据，搭建起农村居民的信用信息库，完善相应的个人信用信息；另一方面，可以通过农村电子商务平台进一步追踪农户的交易信用状况，不断完善农户信用信息库的相关资料；同时，有条件的农村地区还可以搭建专业的信息共享平台,将农村信用社、村镇银行等金融机构的信息导入信息共享平台,从而建立起农村地区的征信服务体系。

(三)加强支付体系建设

农村金融支付体系为农村居民提供了最基本的金融服务,是农村经济金融事业发展的基础设施。但是,由于互联网等数字基础设施的落后,使部分边远农村的金融支付体系建设滞后,影响了当地经济金融的发展。在这些边远农村地区建设金融支付体系,一是要切实满足当地农户的支付需求,使农户切身感受到非现金支付方式的便利和快捷,提高农户利用先进支付体系和支付方式的积极性;二是要为当地金融机构开展非现金支付业务提供必要的支持和保障,比如通过政策倾斜的方式优先支持开展移动支付、网络银行业务的金融机构在当地的发展,支持农村电子商务平台的推广和使用;三是要做好非现金支付体系建设的动员和宣传工作,使在农村推广非现金支付行为深入人心,加强支付体系的使用效率。

二、积极推进金融教育,提升农村居民金融素养

由于偏远地区农户的受教育程度比较低,金融素养不高,对金融科技的接受程度比较低,抵御风险的能力比较弱,维护自身权益的意识不强,因此,要实现通过金融科技的使用防止农户返贫,首先应当在农户当中树立应用金融科技的意识,使农户切身感受到利用金融科技致富的优势。这就需要提高农户的金融能力和科技素养,同时保护农村金融消费者的权益。

(一)提高农村居民金融能力

为了提高农村居民的金融能力,一方面要为乡镇小微企业提供金融科技产品的可获得性,增加农村居民对金融科技产品的了解,以此提高农村居民对金融科技产品的信任度,并进一步提高金融科技产品促进农户持续增收的效应,扩大金融科技产品在边远农村地区的影响力;另一方面,应当鼓励农村金融机构、政府相关部门和各种非政府金融组织增加对金融产品的宣传,并在农户当中普及最基本的金融知识,提高农户的风险识别能力和风险意识,使农户产生尝试使用金融产品的意愿,并以此帮助推动金融产品在边远农村地区的普及。提高农村居民的金融能力并不是一蹴而就的工作,需要大量的金融专业人才扎根农村基层,因此,当地政府应当采取积极的人才政策,吸引专业金融人才在农村地区工作生活,帮助当地农户提高金融知识水平。

(二)提高农村居民科技素养

科学技术是第一生产力,提高农村居民的科技素养本就是乡村振兴背景下的重要工作。因此,当地政府首先应该加强农村居民对数字信息、金融科技以及相关法律法规的宣传教育和培训工作,提高农村居民的科学文化水平,帮助农户树立科学合理的金融观念;其次,当地政府应当鼓励教育机构对农户定期开展教育培训活动,履行教育机构的社会责任,即提高农村居民的科技知识水平和科学素质,帮助文化水平低的农户了解和接触金融科技知识和金融科技产品;最后,政府应当切实解决农村科技人才的流失问题,为科技人才留在农村地区发展创造良好的条件,比如通过降低乡镇小微企业的税负改善科技人才的待遇,帮助农村科技人才解决生活中的疑难问题,促使科技人才回流农村。

(三)保护农村金融消费者权益

随着金融产品向广大农村地区的倾斜和下沉,农村金融消费者群体也在不断发展壮大,如何保护农村金融消费者群体已经成为需要解决的问题之一。本书认为,为保护农村金融消费者群体,一是应当督促金融机构加强金融消费者保护的教育工作,通过定期的教育培训,提高农村金融消费者群体的风险防范意识和自我维权意识,使金融消费者明确参与金融市场的风险,提高自我保护能力;二是应当督促金融机构加强金融产品的信息披露,防止金融机构欺瞒消费者的行为,在现有的法律规范的框架内防范金融产品的信息不对称问题;三是建立金融消费者与金融机构之间的沟通渠道,使消费者能够与金融机构在平等的地位上进行沟通,在风险聚集前期化解信息不对称造成的影响;四是建立金融消费者与政府相关部门的沟通渠道和沟通机制,使金融消费者群体性事件能够得到快速有效的处理,最大限度地化解金融风险。

三、充分调动金融机构积极性,实现金融科技与农户更紧密的联结

随着科技水平的不断提升,金融机构向偏远农村地区提供服务的意愿也在不断加强,但是由于偏远地区人口分散,金融科技在农村的发展还存在不充分、不平衡的情况,要改变这一现状,需要不断调动金融机构的积极性,使金融科技与农户更紧密地联结起来。

（一）拓宽金融科技支持"三农"的渠道

新兴互联网金融实体在推动金融科技发展上起着越来越重要的作用,这些新兴的互联网金融实体在金融科技方面具有领先地位,诸如在大数据、云计算、人工智能等领域具有较大优势,能够利用自身的平台优势和数据优势推广先进的防贫理念和防贫模式,因此,新兴的互联网金融实体要发挥好自身的优势,充分运用数字技术与互联网资源,整合电子商务、物流等资源,提供好全方位的"三农"线上金融服务,推动金融科技与农业产业链的深度融合,拓宽金融科技支持"三农"的渠道,实现线上与线下相结合的新型农业经营形式,实现返乡农民工在家乡的就业和创业,增加返乡农民工的人均收入,确保农业的发展效率得到不断提升。同时,应该在风险可控的前提下,放宽新兴金融机构的准入门槛,不断使这类机构进入农村市场,推进金融科技防贫的模式创新。

（二）加强涉农金融产品供给

在金融科技日新月异的背景下,如何确保金融科技产生的新型生产力落实到支农惠农的工作当中成为新的时代课题。在供给侧结构性改革的政策推动下,农村金融机构应当利用新科技的手段不断设计和推出新型的涉农金融产品,加大这类金融产品的有效供给。比如,在农村金融发展中,农业保险是薄弱的环节,农户参保意识薄弱、涉农保险产品稀缺限制了农业生产的发展和农村金融的深化,因此,农村金融机构应该好好利用互联网等金融科技,将农业保险产品推广到广大的农村地区和农户,提高农业保险的覆盖范围,加强保险防贫的作用。再如,农业信贷是推动农业产业化、规模化发展的有效金融工具,农村金融机构可以设计开发适合农户信用条件的农业信贷工具及产品,使更多农户获得农业贷款,以扩大生产规模、提高农业现代化和信息化水平。

(三)设立更贴近农户需要的中介组织

一方面,传统金融机构可以利用其网点众多、覆盖面广的优势服务于广大农村地区的农户,比如,大型商业银行资产规模雄厚,风险抵御能力较强,金融科技水平较高,应当继续在农村金融领域履行自身的社会责任,推动金融科技在农户当中的运用;另一方面,出于成本收益不匹配的原因,大型商业银行等传统金融机构不愿意发展农村金融业务,不愿意支持乡镇小微企业的金融需求,使乡镇小微企业融资难、融资贵的问题得不到有效的解决。因此,在此形势下,应该并且需要设立更贴近农户金融需求的新型中介组织,使金融科技切实走进农户的日常生活。这一新型中介组织可以与互联网平台相融合,设计符合农户需求的金融产品,并通过互联网平台与农户进行交易,提供服务。

四、构建并完善金融科技监管框架,健全农村金融科技监管制度

调动各类金融机构参与农村金融市场交易,离不开政府的引导与激励,政府部门应该加强财税政策、货币政策的调控,同时,相关的金融监管机构也应该不断完善金融科技的监管体系,创新和发展农村金融科技的监管制度,为农村金融科技的有序发展保驾护航。

（一）加强政府引导与激励

为使农村金融科技有效支持农户增收，要充分发挥市场主体的作用，同时也应该更好地发挥政府作用。政府应当通过政策引导和财政补贴的方式支持金融机构向农村经营主体倾斜，服务于乡镇小微企业和农户。第一，在金融产品方面，政府应当鼓励金融机构设计开发适合于农户及乡镇小微企业的信贷产品、保险产品等金融工具，做到为农户量身定制金融服务；第二，在金融机构方面，政府部门可以牵头组建互联网金融平台，以政府的公信力为基础，将金融服务与金融产品通过互联网平台传递到农户手中，使金融科技更好地服务于农民增收；第三，在金融创新方面，政府部门应当利用财税手段对金融科技企业给予一定的扶持和照顾，重点支持大数据、云计算、移动互联网等新技术的发展和运用。

（二）规范金融科技企业的市场行为

金融科技企业的健康发展离不开政府监管的规范，政府部门应当在参考世界先进国家的金融科技监管经验和教训的基础上，制定出符合我国国情发展的金融科技监管措施，规范金融科技企业的市场行为，这些市场行为包括：第一，市场准入和退出，实现金融科技企业的事前审批、事中监测、事后处置，确立科学合理的准入与退出标准；第二，金融产品信息披露，确保每一款涉农金融产品的信息披露透明、完善，使接受该金融产品的农户能够明确自身的收益与风险状况，方便农户运用该金融工具；第三，市场主体权益保护，一方面，政府部门应该建立起农户与金融机构沟通协调的反应机制,在农户利益受到损失的情况下帮助农户维护自身的合法权益;另一方面,应该维护金融科技企业的正常利益诉求,维护金融科技企业良好的经营环境。

(三)规范金融系统数据信息标准

一是要做好金融科技系统数据信息的标准化工作,因为各金融机构、金融科技企业的数据信息来源不同、处理方式不同,造成了不同的数据信息标准,在这一前提下,数据市场不能健康发展,需要完成数据标准的统一工作,而政府应当在这一统一工作中发挥效能;二是做好数据安全的把控工作,切实保障农户和乡镇小微企业的信息数据安全,对不同的数据源头进行管控,完善保护制度、优化保护流程,做到金融数据的全生命周期下的监管;三是加强农村金融从业人员的道德规范,警示农村金融从业人员依法合规开展业务,并建立相关人员的问责机制。